信息技术教师成长
"四有"修炼记

伍文庄◎著

有人篇　有趣篇　有为篇　有得篇

中国出版集团　现代出版社

图书在版编目(CIP)数据

信息技术教师成长"四有"修炼记/伍文庄著. —

北京:现代出版社,2020.6

ISBN 978-7-5143-8712-4

Ⅰ.①信… Ⅱ.①伍… Ⅲ.①信息技术—中学教师—

师资培养—研究 Ⅳ.①G635.12

中国版本图书馆CIP数据核字(2020)第107568号

信息技术教师成长"四有"修炼记

作　　者　伍文庄

责任编辑　窦艳秋

出版发行　现代出版社

地　　址　北京市安定门外安华里504号

邮政编码　100011

电　　话　010-64267325 64245264

网　　址　www.1980xd.com

电子邮箱　xiandai@cnpitc.com.cn

印　　制　北京政采印刷服务有限公司

开　　本　710mm×1000mm　1/16

印　　张　15.75

字　　数　266千

版　　次　2022年6月第1版　　2022年6月第1次印刷

书　　号　ISBN 978-7-5143-8712-4

定　　价　45.00元

序　言

众所周知，在基础教育阶段，信息技术学科是一门越来越受重视、发展越来越迅猛的学科。学校教育教学中许多工作都需要信息技术教师去参与、去提供服务，从硬件到软件，从课堂教学到辅导竞赛，从课内到课外，从一线教学到后勤服务……一些信息技术教师在烦琐的事务中容易失去自身价值，出现职业倦怠，迷失发展的方向……

我国著名的教育家陶行知先生曾说过："守，为心中的那一束光；志，为胸中那一份情；浩瀚学海，学无止境；璀璨星空，追梦无悔。要想学生学好，必须先生好学。惟有学而不厌的先生才能教出学而不厌的学生。"在二十多年信息技术学科教育教学生涯中，我通过广泛的研修与学习，不断提升个人专业素养；以热情的示范引领与辐射，培育青年教师专业发展；以扎实的课堂教学与课题研究，不断提高个人专业能力。我在信息技术教育的道路上始终热爱教育、享受教育、创新教育，用执着的教育信念、饱满的工作热情、扎实的专业知识和奋进的创新精神去演绎教育的生动与精彩，实现人生的价值与意义。

《信息技术教师成长"四有"修炼记》全书共分为四篇。第一篇，有人篇，从育人制度、育人平台、育人工作室三个方面介绍了我培育教师和学生的实践过程与经验总结。第二篇，有趣篇，从跟岗学习、研修学习、示范带学和教学展示四个方面阐述了我在信息技术教育教学中的学习历程和实践过程。第三篇，有为篇，从课题的研究背景、研究基础、研究过程、研究成果等多个角度展现我的专业知识和科研能力。第四篇，有得篇，从教育论著、教学论文、人物访谈三个角度介绍了我的教育教学所得、丰硕的教研成果和一定的社会反响。

　　《信息技术教师成长"四有"修炼记》收录了我精选的在二十多年信息技术学科教育教学中的育人实例、教学案例、教育研究、经验总结和心得体会。希望本书对中小学信息技术教师发展与学校教师队伍建设有一定的参考价值。

　　书中难免存在不完善之处，敬请批评指正！

伍文庄

2019年秋

目　录

第一篇　有人篇

育 人 制 度 2

育 人 平 台 14

育人工作室 24

　　构建育人工作室 24

　　育人工作室活动 28

　　育人工作室总结 31

第二篇　有趣篇

跟 岗 学 习 40

　　开班典礼 40

　　学科沙龙 41

　　Scratch课程培训 42

　　对计算思维的深入认识 44

　　课题研究 48

　　访学南方科技大学实验学校 50

　　云课堂课例研讨 51

研 修 学 习 52

　　教得巧妙·教得有效 52

　　提炼风格·聚焦研究 54

　　教出美感·教出个性 55

示范带学 ·············· 57

示范带学·乳源之行 ·············· 57

示范带学·乐昌之行 ·············· 59

示范带学·海丰之行 ·············· 60

示范带学·乳源再行 ·············· 61

教学展示 ·············· 64

课例"歌舞飞扬——认识Scratch" ·············· 64

课例"逐帧动画的设计与制作" ·············· 67

课例"程序的顺序结构" ·············· 73

课例"动感文字——动作补间动画的制作" ·············· 78

课例"点石成金——动画的构思与制作" ·············· 89

课例"我心飞翔——引导层动画制作教学设计" ·············· 97

课例"获取网络信息的策略与技巧" ·············· 105

课例"算法与算法的描述" ·············· 110

课例"多媒体作品的规划与设计" ·············· 119

第三篇 有为篇

ITtools平台下培养初中学生自主学习能力的实践研究 ·············· 126

教育云服务下中小学教师教育技术能力可持续发展的研究 ·············· 163

第四篇 有得篇

教育论著 ·············· 196

教学论文 ·············· 199

"任务驱动"教学法初探 ·············· 199

核心素养视角下自主学习的课堂教学培养策略 ·············· 204

依托少年军校 促进德育内涵的传承与发展 ·············· 211

"学生发展核心素养"视角下学生团队精神的培养研究············216

在信息技术课堂教学中挖掘德育宝藏 ·················224

人物访谈 ·····························229

创新教与学方式　培养学生自主学习能力 ···········229

师风化雨润心田，师德优雅显魅力 ·············234

参考文献 ·····························241

后　记 ·····························243

第 一 篇

有 人 篇

> 追求理想是一个人进行自我教育的最初动力，而没有自我教育就不能想象会有完美的精神生活。我认为，教会学生自己教育自己，这是一种最高级的技巧和艺术。
>
> ——苏霍姆林斯基

育人制度

信息技术课是最有魅力、学生最感兴趣的学科之一，它既能活跃学生思维，激发学生学习兴趣，又能给予学生充分的创造空间。然而，在现实教学工作中，我们发现大部分学生在上课纪律、回答问题、自主学习、小组合作、作品评价等方面不能很好地约束自己，表现得较为被动。

《普通高中信息技术课程标准》（2017年版）（以下简称《课程标准》）的核心理念是："以人为本，面向全体学生，为了每一位学生的发展，注重素质教育。"那么，如何适应新课程改革的需要，提高课堂教学效率，实现全体学生由"要我学"变为"我要学"？我尝试构建"激励机制"，并在教学过程中实施"激励机制"。通过三个学期的实践研究，在全体师生共同参与、共同努力下，我们看到了学生在课堂表现中的喜人进步，看到了课堂效率的有效提高。现在学校信息技术学科已形成了具有特色的课堂教学模式。下面，我结合研究与实践过程，抛砖引玉，从四个方面谈谈我们的做法。

一、课堂教学的现状分析

信息技术学科是一门具有科学性、实践性、创新性、应用性、综合性、基础性等特点的学科，许多知识内容都需要学生亲手操作、亲身经历、亲自体验。学生都很喜欢上信息技术课，但在日常教学中我们会遇到以下问题。

问题一：上课铃声响了，一分钟、两分钟、五分钟……还有学生零零散散地进入电脑室。

问题二：当老师让学生练习时，学生面对互联网中精彩纷呈的世界，往往抵挡不住诱惑，无法做到专心听讲。

问题三：老师说："谁能回答这个问题？"台下大部分学生会表现出漠不

关心的态度，纷纷将目光投向平时最爱发言的几个同学，仿佛老师提出的问题与自己无关。

问题四：教师布置学习任务时，学生交头接耳。

问题五：小组讨论时，将任务直接推给组长，说："你是组长，当然由你代表我们完成所有任务啦！"

问题六：下课铃声响了，学生仿佛没听到，继续停留在电脑屏幕前。直到老师一再催促，他们才站起来，电脑也不关，鼠标、键盘、凳子也不摆好，转身就走。

……

以上问题普遍存在于中学信息技术课堂上，学生在课堂上表现出来的被动、我行我素的学习状态给我们带来了困惑，不仅大大降低了课堂教学的效率，而且不利于全体学生的发展。美国哈佛大学心理学家威廉·詹姆士研究发现，一个没有受到激励的人，仅能发挥其能力的20%～30%，而当他受到激励时，其能力可以发挥至80%。[①]上海师范大学卢家楣教授说："需要是一个人对客观事物的要求在头脑中的反映，属个性倾向。它是客观事物引起一个人情绪的重要中介物，同样的客体在不同人身上会引起不同情绪反应的原因，在很大程度上与需要有关。学生在课堂上'需要'的产生，其机理也是如此。"[②]所有这些都说明了"激励"是课堂教学中不可轻视的重要手段，我们必须从课堂学习"需要"出发，构建课堂"激励机制"，促进全体学生的全面发展。

二、激励机制的共同构建

激励机制（Motivate Mechanism），也称激励制度（Motivation System），是通过一套理性化的制度来反映激励主体与激励客体相互作用的过程。如何构建适合中学信息技术课堂的课堂激励机制？我根据学校制定的教学总体目标和高中阶段学生的成长规律，通过对中学生的课堂学习行为习惯的观察、分析、整理，从组长权利与职责、组员权利与职责、课堂表现三个方面入手，初步制定

[①] 王大庆.35岁以前成功的12条黄金法则［M］.北京：新华出版社，2004.

[②] 谭振宪.在课堂教学中探求激励机制［J］.语文教学通讯，2005（4）.

了"高中信息技术课堂激励制度",在开学的第一周向学生公布,让学生以小组为单位进行讨论。组长在收集本小组讨论结果后形成书面报告,在网上提交"本小组意见与建议"电子稿。

(一)"激励机制"内容

"激励机制"由组长权利与职责、组员权利与职责、课堂表现三个方面内容组成,课堂表现项目又根据学生课堂表现的常见问题设置了加分项目和减分项目,这两个项目由教师与组长共同承担课堂评价任务。具体内容如下。

1. 组长权利与职责

(1)权利:每月评选一次组长,当选组长每次期末成绩可加5分。

(2)职责:

① 课前检查小组成员是否准时到上课地点。

② 提醒组员上课认真听讲。

③ 检查组员课堂学习情况和任务完成情况

④ 组织组员互帮互助,共同进步。

⑤ 鼓励组员积极讨论、大胆发言。

⑥ 课后检查小组成员的电脑设备、凳子等是否摆放整齐。

⑦ 每节课对组员进行课堂表现评价。

2. 组员权利与职责

(1)权利:当月没有被扣分或被批评,期末成绩可加2分/月。

(2)职责:

① 课前准时到上课地点。

② 热爱本小组,听从组长的安排。

③ 上课认真听讲,不做与学习无关的事。

④ 主动帮助有学习困难的组员。

⑤ 与组员积极讨论、大胆发言。

⑥ 发现问题,主动向组长汇报或向老师请示。

⑦ 课后把电脑设备、凳子等摆放整齐后再离开。

3. 课堂表现

（1）加分项目

① 积极举手发言回答老师问题的，回答及补答正确加2分/次。（组长评价）

② 积极上台操作示范，酌情加2~3分/次。（组长评价）

③ 以小组为单位，在所有组员完成任务的情况下：最快完成任务的前三个小组，根据任务难度所有组员酌情加3~5分/次；其余完成任务的小组成员酌情加2~4分/次。（组长评价）

④ 课堂表现主动积极、乐于助人，被老师表扬，加2分/次。（教师评价）

⑤ 小组相互评价，有入选为推荐作品的，加3分/次。（组长评价）

⑥ 小组上台展示成果的，酌情加3~5分/次。（组长评价）

⑦ 有按要求入选为优秀作品的，酌情加3~5分/次。（教师评价）

（2）减分项目

① 上课迟到或早退扣1分/次、旷课扣2分/次。（组长评价）

② 不能带零食、饮料等进入电脑室，如被发现扣1分/次。（组长评价）

③ 爱护电脑环境，不得乱扔垃圾、不乱涂乱画，如被发现扣1分/次。（组长评价）

④ 课堂表现不佳，被老师批评扣1~3分/次。（教师评价）

⑤ 不按时上交作业或抄袭作业扣3分/次。（组长评价）

⑥ 下课后没有关机，摆整齐鼠标、键盘、凳子等扣1分/次。（组长评价）

（二）"激励机制"评价形式

如何减轻教师与学生的评价负担，提高课堂实效？2012年的《基础教育信息技术课程标准》强调培养学生开展合作与解决学习和生活中实际问题的能力。于是，我整理分析了常用的课堂评价方式，结合本校教学环境及学生特点，采用最简单的Excel软件，设计出符合学科特色的"组长评价表""课堂评价总表”“评价柱形图”。在小学、初中、高中都有Excel软件不同层次的学习内容，通过Excel软件进行“激励机制”课堂评价，符合新课程改革理念，能更好地培养学生的合作能力和解决问题能力。

1. 组长评价表

“组长评价表”由四部分组成：一是组别，周次，小组成员姓名，组长姓名；二是由组长承担的项目，包括加分项目和减分项目；三是组员累计得分；四是备注，即课堂任务的简单描述。根据教学常规，预先设计了19个工作表，如图1-1所示。

E1 fx =第一周!E1

组别	周次	成员姓名 / 评价项目		鲍家敏	蔡汉兵	曹宇成（组长）	陈辉	陈家燕	陈嘉盛
1	第二周	加分项目	回答问题（2分/次）		2				
			操作示范（2~3分/次）						
			完成任务（2~5分/次）	3	3	3	3	3	3
			推荐作品（3分/次）	3					
			上台展示（3~6分/次）						
		减分项目	迟到/早退（-1分/次）						
			旷课（-2分/次）						
			带零食、饮料等（-1分/次）						
			乱扔垃圾等（-1分/次）						
			不交作业/抄袭作业（-3分/次）						
			设备没摆整齐（-1分/次）	-1			-1		
		累计得分		5	5	3	2	3	3
备注：	制作作品“望远镜”								

第一周 第二周 第三周 第四周 第五周 第六周 第七周 第八周 第九周 第十周 第十一周 第十二周

图1-1 组长评价表

此表由组长负责登记与管理。开学初，确定小组组长及组员名单后，由组长在该表的“第一周”空白表格处输入小组成员名单。由于事先已做好表格的链接设置，组长只需要在“第一周”工作表中输入一次组员名单，后继18个工作表将自动生成相对应的学生名单，大大减少了组长的工作量，提高了课堂效率。在课堂教学过程中，组长按激励机制的规定填写课堂评价。由于已提前在工作表中设计了统计公式与函数，因此工作表会自动计算组员的课堂表现得分，自动将“累计得分”链接到“课堂评价总表”中。

2. 课堂评价总表

“课堂评价总表”由“组长评价”和“教师评价”两部分组成，如图1-2

所示。"组长评价"数据由电脑自动链接"组长评价表"中的"累计得分"，"教师评价"数据由教师根据激励机制中教师承担的评价项目，在教学过程中现场评分。"课堂评价总表"会自动在"课堂表现总分"栏目中计算每个学生每周的课堂表现总分。经过一个学期的累计，"课堂表现总分"记录的就是学生一个学期的过程性评价。

组别	编号	周次 / 姓名	第13周 组长评价	第13周 教师评价	第14周 组长评价	第14周 教师评价	第15周 组长评价	第15周 教师评价	第16周 组长评价	第16周 教师评价	课堂表现总分
1	1	鲍家敏1	4		5		7		5		60
	2	蔡汉兵1	4	3	2		6		5		41
	3	曹宇成★1	4		6		4		10	3	72
	4	陈辉1	6		3		4		10	3	59
	5	陈家燕1	4		2		4		5		45
	6	陈嘉盛1	7		3		4		5		62
2	7	陈曼萍2	4		3		6		0		53
	8	陈其兴2	4		5		3		4		51
	9	陈晓媛2	4		6		3		0		50
	10	陈燕梅2	6		3		3		4		47
	11	邓明典★2	4		3		3		0	3	54
	12	方碧波2	4		3		5		6	3	30
3	13	郭晓坤★3	3	4	3		7		6		71
	14	黄晨3	5	2	6		3		4	3	55
	15	黄海文3	3	2	2		7		4		42
	16	黄慧兰3	3	2	3		4		0		44
	17	黄俊陈3	3	2	3		4		4		48
	18	黄淑萍3	4		4		4		4	3	60

图1-2　课堂评价总表

3. 评价柱形图

课堂的时间很宝贵，学生可以课外查阅自己在每节课的表现。在课堂上，如果只用数据来表现学生在课堂上的表现会占用很多时间，且不直观。为了提高课堂效率，发挥激励机制的更大作用，培养学生良好的学习行为习惯，我设计了"评价柱形图"。这个图可以简洁直观地呈现学生的课堂表现，清晰明了地呈现组员间的表现差异，提高了"激励机制"的反馈作用，如图1-3所示。

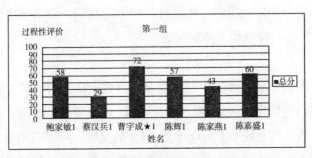

图1-3　评价柱形图

学生在小学已掌握Excel表格的基本操作，在课堂上完全能正确使用Excel进行数据的录入、修改等操作，在教师的引导下能快速理解图表所表达的意思。这种师生共建共管的激励机制充分尊重学生，与学生建立了合作关系、信任关系，营造了一个和谐的课堂氛围，更好地提高了课堂教学效率。

三、激励机制的课堂实施

案例：粤教版普通高中选修《多媒体技术应用》第五章第二节内容"引导层动画"。

（一）在"导入环节"进行激励

良好的开端是成功的一半，教师要在导入环节精心设计、创设情境，调动学生的学习积极性。这时，如果适当地加入激励机制，学生的学习积极性及学习效率会更高，起到事半功倍的作用。

【案例1】

为了让学生更好地理解"引导层动画"中对象的开始状态、运动轨迹、结束状态，我设计了一个学生互扔纸飞机的游戏。学生一下子就活跃起来，沉浸在游戏当中。为提高课堂效率，尽快进入下一环节，我又设计了以下激励机制：学生在规定时间内互扔纸飞机，进行"比比谁最快"的比赛；小组合作将纸飞机交给组长，由组长放入指定纸箱中，比一比看哪个小组合作能力最强、完成时间最短，前三个完成的小组每个成员奖励2分。

（二）在"讲解环节"进行激励

"知识讲解"环节是最不容易教学的一个环节，特别是在初中阶段。为了调动学生学习的积极性，激发学生的学习兴趣，教师通常会使用启发式、小组讨论式、案例分析式、演示等教学方法，在这些方法的基础上再加上适当的激励机制就形成了一个目标明确、生动有趣的学习氛围，这时学生便不再觉得沉闷，更能主动学习、理解相关知识内容。

【案例2】

在介绍制作引导层动画步骤时，我以案例教学法进行讲解，然后展示三个错误案例，让学生找出错误之处。此时，我设计的激励机制是：①抢答形式，抢先上台修改错误之处的学生可获得至少1分的奖励，可以鼓励学生大胆上台展示。②上台修改结果正确的学生受到大家的掌声激励和教师的表扬，同时可再获得教师2～3分的奖励。

（三）在"任务环节"进行激励

"任务驱动"教学法是信息技术课中最常用的一种教学方法，教师通常会设置不同层次的任务，一节课中会出现多个任务。"任务环节"也是应用激励机制最多的一个环节，在激励机制中，课堂表现项目共有13项，其中有8项与"任务环节"相关。因此，这个设计环节的激励机制十分重要。只有面向全体学生，充分激发学生的创造性、小组合作性、同伴互助性，才能真正提高学生完成任务的效率。

【案例3】

在课例"我心飞翔——引导层动画制作"中，我由浅入深地设置了三个层次的学习任务，满足不同层次学生的学习需求。①基础任务。修改、欣赏作品1的背景图、飞机机型，重新设计引导线，制作只有一个引导层的动画。②进阶任务。修改、欣赏作品2的背景图、飞机机型，重新设计两条不同形状的引导线，制作有两个引导层的动画。③挑战任务。修改、欣赏作品3的背景图、飞机机型，重新设计引导线形状，制作有三个引导层的动画。

此环节设计的激励机制是：①以小组为单位，所有成员全部完成基础任务的小组能获得3分的奖励分。②主动帮助他人的学生，帮助成功后主动向小组长汇报，可获得1～3分的奖励分。其中，帮助1人获1分，帮助2人获2分，帮助3人获3分，最多不超过3分。以此来鼓励学生之间的团队精神和互助意识，但不强化分值的作用，不占用学生太多个人学习时间。③已完成进阶任务的小组，进行作品赏析，组内评选出最优秀的小组作品。组内优秀作品作者将获得3分的奖励分。④学生完成挑战任务后，由教师评定分值（3～5分）。⑤教师从组内优秀作品中再评选出最佳作品1～3个，额外奖励3～5分。

（四）在"评价环节"进行激励

"评价环节"是课堂教学中重要的组成部分，是对学生学习效果和教师教学效果的评价。"评价环节"本身就具有激励作用，它从一定程度上调动教师教学的积极性，激发学生的学习动机，可以有效地推动课堂学习。在信息技术学科中，常见的评价形式有测验、抢答、观察提问、作品评价等。由于完成学习任务环节占用了大量的时间，因此评价时间是宝贵的。设计激励机制的目的是促进课堂评价的有效开展和产生有效评价反馈。

【案例4】

在课例"遮罩动画"中，我设计了一个网络测试题来检查学生掌握知识的情况，让学生在规定时间内完成。网站会自动显示检测成绩和答题情况并分析信息。为了能真正发挥检测评价的作用，我设计的激励机制是：①满分的学生奖励2分。②鼓励满分的学生主动帮助有困难的同学，寻找错误的原因。帮助他人奖励1~3分。

（五）在"总结环节"进行激励

"总结环节"主要是对所学知识进行回顾和梳理，同时展示与本节课相关的课外知识。在这个环节可提取一分钟时间来进行"课堂表现"小结，这一措施将会对课堂管理产生画龙点睛的作用。如总结一节课中表现最佳的个人、最团结的小组、最爱助人的个人。每月再评选出优秀组、进步之星等，并采取掌声鼓励、作品巡展或喜讯通报等措施，这些都是对学生积极表现的充分肯定。这短短的一分钟，使"激励机制"常规化和持续化，使其如同催化剂一般激发学生的表现欲望、点燃学生的内驱力，最终实现全体学生由"要我学"到"我要学"的转变。

四、激励机制带来的变化

著名教育学家苏霍姆林斯基曾指出："如果老师不想办法使学生产生情绪高昂和智力振奋的内心状态，就急于传授知识，不动情感的脑力劳动就会带来疲惫。没有欢欣鼓舞的心情，没有学习的兴趣，学习也就成了负担。"[①]这种师生共同构建和实施的"激励机制"从根本上改变了以往课堂上大多数学生保持沉默、只有个别优秀学生一枝独秀的课堂状态。由于这种"激励机制"具有师生共建、不占用课外时间、操作简便、自动统计、易于维护等特点，师生从一开始就愿意接受，并在教学过程中自觉地遵守，主动参与、乐于参与，使课堂发生了令人振奋的变化。

（一）教与学的变化

一节好课需要教师的精心设计。在过去的教学中，教师精心设计的课经常

---

① 王金娣.激励理论在高中课堂教学中的应用研究［D］.苏州大学，2008.

会因为要花比预想中多的时间去进行课堂管理，而使得教学效果不理想。但在加入"激励机制"的课堂教学中，课堂管理变成师生共同承担的项目，在大家共同参与下，课堂管理变得轻松起来，教师有了更多的时间优化课堂教学，关注学生的发展需求，激发学生的学习动机。

学生在以往的学习中，表现出来的多是被动式学习。他们缺乏学习的热情与兴趣，缺乏学习的追求与坚持。但在"激励机制"课堂中，小组快速完成任务、个人表现出色、主动帮助同伴等，都能得到教师的表扬与奖励。这样一来，学生都乐于表现自己，乐于帮助他人，被帮助的学生由于想跟上小组的步伐，会主动寻求帮助。"激励机制"就像一面放大镜，学生的课堂表现被凸显出来，进步与退步被记录得一清二楚。退步又可以通过自身的努力、同伴的帮助发生改变。在"激励机制"的作用下，学生的学习态度发生了变化，学习动机发生了变化，个人与集体可以共同进步。

（二）课堂氛围的变化

新课程改革强调教学的交互性，致力于建立师生共同发展的教学关系。在以往的课堂教学中，教师与学生之间充满不信任、不理解。教师容易生气，容易提高音量来提醒学生，容易因教学效果不理想而焦虑、烦恼。学生则处于对课堂活动不主动、不清楚、不在乎的状态。在"激励机制"课堂上，教师与学生保持着民主平等、尊重关爱的关系。教师通过"激励机制"来量化学生的表现，用数据来证明学生的变化。教师允许学生犯错，并通过"激励机制"让学生看到自己的问题，通过"激励机制"帮助学生在课堂上改变自己、争取进步。有了"激励机制"，学生变得乐学好学，教师变得乐教爱教。这种民主和谐、轻松快乐的课堂氛围，促进了师生之间的共同发展，促进了全体学生的进步，促进了课堂教学效率的提高。

（三）教学评价的变化

信息技术学科的教学对象通常是很多个班的学生。在以前的教学中，学期末是教师最头痛的时候，因为要对几个到十几个班的学生进行评价。在实施了这个"激励机制"后，学生的课堂表现全部记录在"课堂评价总表"上，教师一目了然，为期末总评提供了有权威的评价依据，大大减少了教师评价的工作量。由于这个"激励机制"是师生共建共营的，因此，学生对于教师的评价结果更加心服口服，更能根据评价的反馈信息来反思自己的学习过程，增加学习的动力。

（四）行为习惯的变化

青少年时期是培养学生良好学习行为习惯的最佳时期，良好的学习行为习惯是保证学生健康发展和可持续发展的基础。在以往的教学中，学生往往会因为过度兴奋激动而影响良好行为习惯的形成。通过"激励机制"的激励与约束作用，信息技术课成为培养学生养成良好行为习惯的理想场所，教师在教学过程中渗透学生行为习惯的教育，引导学生学会做人、学会做事、学会学习、学会共处，在师生的共同努力下，学生良好的行为习惯便慢慢地形成了。

【案例5】

一位学生在一个月内四次带了饮料进入电脑室，按"激励机制"的规定扣了他4分并教育了他四次。当我再一次公布"评价柱形图"时，他留意到自己的分数远远低于同小组的同学，惊呼："我的分数怎么会这么低！"（这就是长期实施"激励机制"的二次激励效果）到了下一次再上课时，他终于做到有效约束自己，不再带饮料进电脑室了，并在课堂上特别认真听讲，积极举手发言。课后，我问他："这节课为什么这么积极？"他笑了笑，不好意思地说："想多加点分，好把自己的分数拉回去，没这么难看啦！"我摸了摸他的头，在他面前竖起大拇指，说："你能约束自己不再带饮料进来真了不起！老师相信你在课堂上的表现会越来越好的！加油！"

（五）学生作品的变化

2012—2013年第一学期，我将水平相似的两个班进行对比实验。在一个学期的时间里，对比班完成的作品总数为8个，实验班完成的作品总数为11个，比对比班高了16%，明显高于对比班，说明实施"激励机制"教学模式后，学生完成的作品数量有了较大的提高，课堂效率也得到了提高。

再以这两个班2012—2013年第一学期期末作品为例进行对比分析，如图1-4所示。可以发现，"激励机制"对优秀学生来说作用不大；对于学习有困难的学生来说，作用最大，有8.78%的人数变化；对于中层学生来说，学习积极性得到了较大的提高，有8.55%的人数变化。

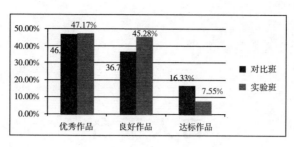

图1-4　期末作品分析图表

五、结束语

　　到目前为止，"激励机制"已成为师生的好助手，信息技术科组已应用"激励机制"授课1300多节，承担校级研讨课16节，承担省、市、区示范课9节。所上示范课受到专家和兄弟学校同行的一致赞赏，他们对"激励机制"的研究过程、教学模式、教学效果、运用对象等产生了浓厚兴趣，并给我校进一步完善与推进"激励机制"教学模式提出了宝贵意见和建议。

　　通过"激励机制"的约束作用与激励作用，课堂已变成了我们的乐园。学生的学习热情高涨，每节课都早早来到电脑室，努力表现自己，主动帮助同伴。课堂上洋溢着快乐与和谐的气氛，充满智慧与激情。个人与集体并不冲突，大家都能相互影响、共同进步，师生共谱"激励"乐章！它将激励着我们继续进行"激励机制"教学模式的探索……

育人平台

"这节信息技术课真是太有趣了,学习内容真丰富!""你可以重新再播放一次刚才的视频呀!""组长,你的作品很有创意啊!教教我,你是怎么做的?""小军,我给你的作品留言啦!"……当这些画面出现在我的脑海里时,我是多么激动和欣慰。因为,这是我十多年来研发的网络课程教学平台在教学中应用的结果。

网络课程是通过网络表现的某门学科的教学内容及实施的教学活动的总和,它包括两个组成部分:按一定的教学目标、教学策略组织起来的教学内容和网络教学支撑环境。其中网络教学支撑环境特指支持网络教学的软件工具、教学资源及在网络教学平台上实施的教学活动。[①]网络课程既满足了信息技术教育教学的需求,又满足了学生全面发展的需求,还满足了学科发展的需求。下面将结合自身的研究与实践经历,谈谈我研发网络教学平台的做法。

一、网络课程资源的现状分析

2008年,我对学校当前已有信息技术学科的教学资源进行收集、整理、分析,确定了所需要提炼、重组、补充和再次开发的资源。经调查,我校已有教学资源有以下三个方面情况:①我校高中信息技术课程现有教学资源类型大致有教案、试题、多媒体素材(课件、图片、视频、音频、动画)和课外拓展

---

① 林君芬,余胜泉.关于我国网络课程现状与问题的思考[J].现代教育技术,2001(1):51-55.

知识。其中课外拓展知识多数是文本型资源。已有课程教学资源中，教案的数量最多，占60.1%；其次是多媒体素材，占21.6%，试题占 10.3%，课外拓展知识占8%。多媒体素材除了图片（80.3%）相对多些外，其他都比较少，课件为10%，视频为5%，动画为3.1%，音频为1.6% 。可见，我校教学资源的文本型资源总体上要多于多媒体型资源。②因特网上能搜索到的与新课程相匹配的教学资源少之又少。③信息技术教师在课程网络教学资源的开发上存在着低效率重复开发的情况。

通过调查发现原有的信息技术课程教学资源不能满足教学的实际需求，教师在使用教科书的过程中需要的教学资源以及学生在使用教科书时所能够接触到的信息资源是有限的。而一个通用性强、标准化的网络资源教学系统却能提升课程网络教学资源开发的效率，促进课堂教学的效率，把更多时间交还给教师去优化教学策略，细化教学设计，组织好课堂教学活动。这坚定了我开发信息技术网络课程资源的步伐。

二、网络课程的设计

1. 设计思路

《普通高中信息技术课程标准》的基本理念是：提高学生的信息素养，营造良好的信息环境，关注全体学生，培养学生解决问题的能力，注重交流与合作。建构主义学习理论认为，学生的学习不是由教师向学生传递知识，而是学生自己主动建构知识。这种建构不可能由他人代替，而在于学生自己通过新旧知识经验之间反复的、双向的相互作用，形成和调整自己的知识结构。①所以设计网络课程时应该关注课程内容、内容的结构和呈现方式、学习者的经验以及课程教学环境的营建等，要注重网络课程设计的整合性、互动性、生成性、发展性、可选择性和亲和性原则。②

通过以上分析，确定了信息技术网络课程开发的思路是根据学校现行实验教材，依托学校校园网构建一个网络课程资源管理平台，参照教师上课的环节

---

① 刘孝华. 引发认知冲突，促进学生的知识建构［J］. 天津教育，2004（21）：40-42.

② 胡若予. 基于教学平等的网络课程设计要素与原则［J］. 现代远程教育研究，2006（2）：54-57.

确定网络课程资源系统的整体架构，同时结合学生的认知特点和心理特点、教材的知识结构，运用信息技术教师的优势，开发出突出重点、突破难点、澄清疑点的网络课程资源。将教学内容与形象、直观的网络课程资源组合起来，对网络课程资源进行提炼、重组、优化、再次开发等实践研究；运用实验法和调查法对网络课程系统进行教学应用测试和评价，收集并分析反馈意见，以便做进一步的完善和推广。

2. 设计目的

开发网络课程的目的是开发出一套与现行信息技术教材相配套的网络课程资源，丰富信息技术课程的内容体系和价值内涵，促进教师对教学设计、教学策略、教学评价、教学反思等环节进行深入研究，为学生提供开放性、自主性、创造性、协作性的学习平台。教师和学生都可以根据教与学的需求，自主地获取所要讲授或学习的各种资源，使得网络课程资源系统成为教师备课、上课的好帮手，学生自主、探究、合作学习的好助手。

3. 主要栏目内容

如何充分发挥网络课程的作用，实现教学内容的呈现方式、教师的教学方式、学生的学习方式、师生互动方式的变革？我们从学生学习与教师教学两个角度对教学内容、教学方式、学习方式等进行了研究分析，确定了以下主要栏目内容（见表1-1）。

表1-1　网络课程主要栏目设计

网站名称	栏目	内容描述
信息技术网络课程资源网站	1. 课前导学	激情导入：动画、音频、视频、图片、文本、案例欣赏等
		课前导学：本节主要学习知识点
	2. 目标导航	知识与技能目标、过程与方法目标、情感态度与价值观目标
		本节重点、难点
	3. 知识讲解	按上课流程展示知识内容、概念讲解、补充知识
		案例讲解、原理展示、动画展示、制作过程展示
		课堂分层练习
	4. 任务引领	基础任务、进阶任务、挑战任务
		综合任务（如考试试题练习、综合实践任务等）

网站名称	栏目	内容描述
信息技术网络课程资源网站	5.案例分析/视频教程	典型学习案例展示、典型学习案例分析
		同步学习视频
		辅助操作视频
	6.交流评价	学生作品上交、作品交流、在线投票
		评价量规标准。多元化评价：自评、互评、教师点评
		留言板
	7.总结拓展	本节知识内容总结
		课外拓展知识

三、网络课程的开发

1. 网络课程教学平台特色

通过文献调查，对他人已开发网络课程教学资源进行分析等形式，确定网络课程教学平台界面设计应具有以下几个特点：①界面色彩的设计以蓝加红为主色调，突出主题、带有趣味；整体界面大方、友好，符合高中生年龄特征。②导航系统清晰、灵活，学生能根据自己的学习需求准确确定当前位置及灵活跳转到其他栏目。③导航系统中除了固定的上课流程使用的常见线性结构外，根据不同课型需求适当地加入了非线性结构，如下载练习材料时使用的下拉式菜单、展示答案时使用的弹出式窗口、例题分析时使用的拖动式按钮、帮助教程使用的折叠式选择菜单、阅读材料时使用的热点链接等，更具人性化，学生更容易控制学习进度。④图像与声音均用专业软件进行了高压缩处理，使得播放更流畅。⑤视频与动画的播放均提供了暂停、继续播放功能，利于学生自主控制学习进程。⑥系统整体采用CSS技术，保持系统整体风格一致。

2. 网络课程资源特色

由于本网络课程是配合现行信息技术教材，围绕课堂教学环节设计的，因此，网络课程的资源系统具有课堂教学环节特色。在"激情导入"环节中，由于在网络环境下学习，情境的创设对学生自主进行意义建构非常重要，因此，在网络课程资源系统的"导入"环节，我十分重视情境资源的开发与创造。如在开发"多媒体作品的界面设计"网络课程时，我结合校园文化，以一位毕业于本校且荣获"珠、港、澳三地青年歌手大赛"冠军的歌手为对象，用他在本校表演的一段视频作为导入资源，取得相当成功的导入效果。在"激情导入"环节，围绕本节知识点，设计相对应的文字、图像、声音、视频、动画等资源类型。开发练习资源时，侧重发挥网络的优势，设计网络版练习题，学生直接在网上答题，提交后给出分数并提供正确答案。这种教学资源大大地激发了学生的好奇心，而且能高效地检查学生的知识掌握程度。在"任务引领"环节，不仅考虑任务内容的容量，还注重如何结合知识内容，紧贴学生的学习、生活实际，筛选出合适的主题，精心设计围绕主题的、开放式的、难度适当的分层任务内容。在每个分层任务中设置了完成任务所需的多种自主学习资源并将其打包，使用超级链接方式，便于学生更快捷地下载所需文件。由于该环节是占用课堂时间最多的一个环节，因此，本栏目资源的开发重点在于任务的质量与容量。在"视频教程"环节中，发挥网络高速、海量的特点，为学生开发出操作示范视频、难点讲解视频、案例分析视频等，并在制作视频时添加上每一步的主要操作要领，为学生搭建自主探究的"脚手架"。在"总结拓展"环节，为学生开发出与本节知识点相关的课外补充知识，拓宽学生的视野。

3. 网络课程呈现特色

根据心理学研究，多重感官同时感知的学习效果要优于单一感官感知的学习效果。本网络课程教学内容的呈现不再是单一的、静态的形式，如文字、图像、PowerPoint讲稿等，而是多种媒体的多方位综合运用。[①]例如，对于同一个知识难点，可通过"知识讲解"栏目图文并茂的教学资源来介绍，通过"案例分析"栏目的视频资源来形象表达，通过"任务引领"栏目的任务资源来小试牛刀等。

4. 网络课程评价特色

在开展教学评价过程中，如果反馈渠道不畅通，评价信息不能及时反馈给

---

① 徐铮，陈庚，袁希岚. 网络课程开发现状和发展趋势［J］.中国远程教育，2003（15）：40-43.

教师、学生，就会影响教学评价的作用和学生下一阶段学习的积极性。一个成功的课堂教学交流评价系统应该是一个操作简便、灵活的系统，可以让学生在提交评价后能迅速得到反馈，包括即时反馈、延时反馈及课后反馈。

本网络课程的交流评价功能具有界面清晰、操作简单、互动快捷等特点。采用功能强大的ASP技术和数据库来实现动态评价效果，具有教师评价、学生评价、自我评价等多元化评价方式。学生通过系统提供的接口访问该网页，只需填写必要的个人信息就可以提交学习作业。提交作业后，可以通过查询系统浏览同学的作品，进行作品互评。通过这个交流评价系统，教师可以组织评价，迅速获取评价数据，及时了解学生的学习情况，挖掘学生的"闪光点"，从而更准确高效地调整和补充下一阶段的教学活动；学生可以进行自我评价、互相评价，对自己的学习水平提出更高的要求。

此外，网络课程还提供了信息技术课堂学习博客平台。教师通过信息技术课堂学习博客平台，可以更好地对学生进行过程性的、多元化的学习评价，如学生学习过程中的技能发展性评价、学习态度和学习情感评价、小组互助评价、课堂行为习惯评价等。教师可将评价与学生的学习过程结合，按新课程三维目标要求对学生做比较准确、全面的综合评价。[①]

四、网络课程的应用及效果

2008—2009学年，我首次成功开发了粤教版选修模块二30节课及粤教版必修模块20节课的网络课程教学资源。2010年9月开始进入应用阶段，累计使用网络课程教学资源授课已达100多节。在我的带领下，本科组的其他成员也纷纷加入开发行列，为自己所教的年级教材量身定做，设计出具有学科特色的网络课程系统。一学年下来，本科组已使用网络课程承担校级以上公开课25节，区研讨课10节。

2011年起，我不断实践与创新、思考与完善网络课程。到目前为止，已成功研发了8个网络教学平台："高中信息技术必修模块教学平台""高中信息技术选修二教学平台""电脑动画制作教学平台""Scratch趣味编程教学平台""Microbit编程语言教学平台""多媒体技术：Photoshop教学平

---

① 黄虹娟.利用课堂博客　实施学习评价［J］.现代中小学教育，2011（12）：48-50.

台""特效字制作教学平台""Flash动态特效字制作教学平台",如图1-5~图1-10所示。

图1-5 "高中信息技术必修模块"教学平台目录界面

图1-6 课例"多媒体信息的加工与表达"界面

图1-7 "高中信息技术选修二"教学平台目录界面

图1-8 "电脑动画制作"教学平台目录界面

图1-9　"Scratch趣味编程"教学平台目录界面

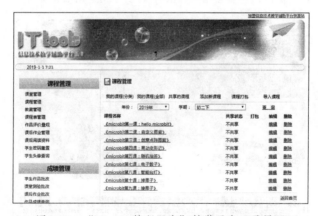

图1-10　"Microbit编程语言"教学平台目录界面

五、结束语

我们的信息技术网络课程研发进程仍在继续中。新开发的教学平台在使用过程中总会存在一些不足和需要修改、补充的地方。因此，我们在使用这个教学资源网进行课堂教学时，授课教师在上完每一节课之后都要及时记录应用网络教学资源系统进行教学时存在的问题。如记录网络教材中需要增加、删除、补充、修改的地方，网络环境中素材运行的顺畅情况，自己的体会、建议，等等。学校的平台管理小组根据实际教学反馈情况，通过发现问题、分析问题的形式及时改进和不断完善网络教学资源平台，不断提高教材的可用性和适用性，提升教师综合运用网络资源的能力，实现教学效率的真正提高，改善教育教学质量。

我们期待着网络课程发挥神奇的授课功效，让课程网络教学平台成为教师的助手，把教师的教学积累融入教学过程中，使教学"活"起来；让课程网络教学平台成为支撑学生自主、合作、探究的工具，构建以人为本的理想学习氛围。

育人工作室

构建育人工作室

一、项目主题

以"信息技术个性化学习模式与策略的研究"为项目主题,通过名师团队引领,以项目研究为纽带,以先进的教育理念为指导,搭建学科教研、学术交流平台;以课堂教学为主阵地,组织开展学科教学研究工作和课堂教学指导,对有潜质、有兴趣的青年教师进行集中指导培训,带动更多的教师成长为名教师。

二、目标任务

1. 课题研究

以"信息技术个性化学习模式与策略的研究"为课题研究方向,在实践工作中探索信息技术与学科教学的深度融合和有效应用,创新教与学模式,促进学生个性化学习,带领本工作室成员开展有效的科研活动。

2. 队伍建设

三年内培养出一定数量的名教师、优秀骨干教师。通过以三年为周期的培养计划的实施,有效推动培养对象的专业成长,力求在一个工作周期内使工作室成员获得专业成长和专业化发展,促进信息技术学科教师队伍建设。

3. 教研活动

坚持以教育教学为中心,以研讨会、报告会、论坛、公开教学、送教下乡、现场指导、同课异构等为形式,解决中小学信息技术教与学过程中遇到的问题,充分发挥工作室成员的带头、示范、辐射作用,实现优质教育资源的共享。

4. 平台建设

依托香洲区教育网，搭建工作室学习网站，为我区教师的在线交流和各类优质教育资源共享与传播提供载体，为"名师工作室"的辐射机制提供运作平台。

三、团队结构

工作室主持人：伍文庄。

成员：全区中小学信息技术教师10～15名。

四、研培项目

1. 专题研修

（1）信息技术个性化学习模式的研究。

（2）信息技术个性化学习平台的开发与应用。

（3）信息技术个性化学习资源的开发与应用。

（4）信息技术个性化学习微课程的开发与实践。

（5）学生开展个性化学习的效果评价。

2. 教师专业成长

（1）制定个人发展规划。工作室成员根据个人的实际情况制订切实可行的学习计划和工作计划。工作室结合成员的自我发展计划，为成员制定专业发展的三年规划，促使每位成员尽快提高教育教学和科研能力，推动成员专业化发展。

（2）强化教育理论学习。工作室主持人向成员推荐教育专著，每位成员依据实际情况制订读书计划，深入学习有关教育专著，时刻关注教育改革与发展的动态，不断更新教育理念和吸收最新研究成果。工作室成员定期在工作室网络平台上交流发表学习心得，以同伴互助的方式实现成员的共同成长。

（3）开展课题研究。工作室成员可以围绕主持人的课题，承担一个子课题研究，也可以在主持人的指导下自主立项进行课题研究。主持人定期跟踪课题实施进度，检查阶段性成果，汇编成员的课题研究成果。

（4）组织教研活动。提供与区内外专家、名教师相互切磋教学技艺和研讨的机会，组织主持人、顾问、名师团队举办"名师讲堂"，聘请专家、本学科有影响力的教师为工作室成员举办讲座。通过研讨交流，有针对性、有实效性地解决教育教学中的问题。根据研修需要，有计划地安排工作室成员外出培训、观摩、考察学习。确保工作室成员能够站在教育改革的前沿，把握教育改革的方向。提升成员的专业素养和专业能力，促进其成长。

五、经费预算

工作室的设备及业务经费由区和学校负责提供。预算经费为10万元，主要用于名师工作室的资源建设设备购置、办公设备购置、图书资料购置以及用于开展外出指导、教研考察、学术交流活动等的开支。

六、工作规划

1. 2015年3月至2016年2月

（1）工作室成员招聘，制定三年培养目标和发展规划。

（2）课题立项、开题，开展课题研究。

（3）在线研讨，听课、评课。

（4）网站建设。

（5）成员培养。

（6）完成第一阶段课题的阶段总结。

（7）成员撰写读书心得及教育教学论文。

2. 2016年3月至2017年2月

（1）继续实施课题研究工作。

（2）优化网站。

（3）成果辐射。

（4）成员培养。

（5）开设讲座，开展教学观摩，外出参观学习、交流。

（6）完成第二阶段课题的阶段总结。

3. 2017年3月至2018年2月

（1）完善网站。

（2）组织课堂教学创优活动，组织优秀论文、课件评选，组织在线研讨、外出交流。

（3）收集、整理过程性材料，总结课题研究成果，撰写研究报告或论文。

（4）课题结题验收进行课题结题工作。

（5）工作室成员结业。

（6）通过名师工作室网站，将工作室的教育教研成果向外辐射。

七、主要措施

1. 保障条件

（1）工作室成员分工明确，各司其职。

（2）工作室成员所在学校支持其工作，提供开展活动的时间和空间。

（3）严格管理并使用好工作室经费，满足工作室成员学习、研究的需要。

2. 研修制度

（1）日常管理制度：工作室有明确的规章制度，确保工作室正常运行。

（2）导师制度：工作室名师成员分片区采用多种方式、方法指导学员的教育科研和教学实践。

（3）研究制度：以课题为抓手开展研究工作。学员参与工作室的主课题研究或者在主持人的指导下围绕工作室研究方向自主主持课题研究；主持人定期开展课题研讨会，跟踪课题实施进度，检查阶段性成果。

（4）评价制度：对名师工作室成员进行量化考评。评价内容主要包括日常表现、教学能力与水平、课题研究能力与水平、教学成果、论文发表情况等，评价方法主要包括自我评价、同伴评价（包括成员之间的评价和成员所在单位教师的评价）、导师评价等。

《《《 育人工作室活动 》》》

育人工作室活动安排（见表1–2）。

表1–2 育人活动表

序号	时间	活动主题	地点
1	2015年5月8日	工作室授牌仪式	珠海市香洲区教育科研培训中心
2	2015年6月4日	工作室启动仪式	珠海市前山中学
3	2015年7—8月	暑假读书活动	自行安排
4	2015年10月15日	学员周寿庆老师举办讲座"基于主题式教学案例探析"	香洲区教育科研培训中心
5	2015年11月3—9日	参加第四届全国初中信息技术优质课展评活动	湖南常德市外国语学校
6	2015年11月19日	学员李誉老师举办讲座"电脑绘画社团活动的开展及其策略"	珠海市第九中学
7	2015年11月19日	学员陈春蓓老师上研讨课"记录的排序与筛选"	珠海市第八中学
8	2015年12月24日	参加广东省初中信息技术优质课展示交流活动	佛山市第十四中学
9	2016年3月10日	参加广东省教育厅教研室初中信息技术课堂教学调研活动	珠海市第九中学
10	2016年3月24日	学员陈慧敏老师举办讲座"课题研究方案的设计"	珠海市第十中学
11	2016年4月14日	学员梁健松老师上公开课"太极"周菁老师举办公开课"设计'科技节系列活动'光盘盘面"	珠海市第七中学
12	2016年4月21日	学员张凯老师上公开课"体检表中身高的'秘密'"	珠海市第五小学
13	2016年5月5日	学员季天姝老师上公开课"用Photoshop制作表情包"	珠海市夏湾中学

续　表

序号	时间	活动主题	地点
14	2016年5月26日	学员宋深美老师上区级公开课"感恩父亲——初步认识二进制"	珠海市第十一中学
15	2016年5月31日	省教育技术中心林君芬博士举办专题讲座"中小学信息化教学研究课题的申报和管理"	斗门实验中学
16	2016年6月2日	学员赖甲坎老师上公开课"我的头像，我做主——图像的简单处理"	珠海市第十中学
17	2016年6月16日	学员黄妍芳老师上公开课"让果皮箱动起来——PPT动作路径动画的设置与应用"学员饶崇茂老师上区级公开课"图像变变变"	珠海市香洲区杨匏安纪念学校
18	2016年7—8月	暑假读书活动	自行安排
19	2016年8月25日	华南理工大学李粤博士举办专题讲座"基于APP Inventor的创新移动应用开发"	珠海市第二中学
20	2016年8—9月	工作室学员参加2016年"一师一优课，一课一名师"磨课活动	学员学校
21	2016年10月13日	2017年工作室上学年工作总结及新学年工作安排	珠海市前山中学
22	2016年10月13日	珠海北师大附中何斌老师举办专题讲座"怎样撰写教育教学论文"	珠海市前山中学
23	2016年11月10日	指导学员黄妍芳老师的全国教育教学信息化展示交流活动参赛课例"让果皮箱动起来——PPT动作路径动画的设置与应用"	珠海市香洲区杨匏安纪念学校
24	2016年11月15日	举办工作室课题——广东省教科研"十三五"规划2016年度项目开题会议	珠海市前山中学
25	2016年11月18日	指导学员周寿庆老师的市优质课参赛课例"快乐的小猫"	珠海市第七小学
26	2016年11月10日	学员方琳老师上公开课"地球保卫战"。观摩"空中课堂"——跨课堂同课同构英语课"Colors"及甄贤小学兴办的专题讲座"智慧校园的介绍"	珠海市香洲区甄贤小学
27	2016年11月15日	参加珠海市小学信息技术优质课交流展示活动	珠海市香洲区第十九小学

序号	时间	活动主题	地点
28	2016年12月6日	参加广东省小学信息技术优质课活动	东莞市南城区阳光中心小学
29	2017年1月13日	召开工作室两项市级微课题研讨会	珠海市前山中学
30	2017年2月23日	工作室学员赖甲坎老师、陈慧敏老师参加全市"初中信息技术教学研讨会"专题讲座	珠海市教育研究中心
31	2017年3月30日	2017年工作室上学年工作总结及新学年工作安排	珠海市前山中学
32	2017年4月13日	学员刘满娥老师上公开课"图像数字化的初步知识"	珠海市第五中学
33	2017年4月27日	学员李誉、朱志、陈慧敏老师参加珠海市初中信息技术学科"同课同构"展示课活动	珠海市第九中学
34	2017年5月11日	学员饶崇茂老师参加珠海市小学信息技术学科"同课同构"展示课活动	珠海市香洲区第二小学
35	2017年5月25日	召开工作室"十三五"规划省级课题研讨会	珠海市前山中学
36	2017年5月26日	工作室送课下乡到高新区淇澳岛珠海市兆征纪念学校，开展同课同构展示课、专题讲座、学科沙龙等活动	珠海市兆征纪念学校
37	2017年6月15日	工作室主持人与学员参加香洲区中学信息技术学科"同课同构"公开课活动	珠海市第八中学
38	2017年6月8日	参加"Scratch软硬件与互动媒体"培训会	珠海市香洲区凤凰小学
39	2017年9月21日	参加珠海市中小学创客大赛指导教师培训	珠海市第一中学
40	2017年9月30日	参加珠海市"互联网+工作室"主题展评活动暨工作室研究成果评选活动	珠海市前山中学
41	2017年10月9—13日	参加全国小学信息技术优质课展评活动	新疆乌鲁木齐八一中学
42	2017年10月17日	工作室学员参加珠海市青年教师教学大赛	珠海市第九中学

序号	时间	活动主题	地点
43	2017年10月26日	北京师范大学数学学院白明教授举办专题讲座"如何设计更具有创意的创客类项目式课程"	珠海市文园中学
44	2017年10月26日	与省刘杰工作室联合开展教研活动，学员饶崇茂老师上展示课"熊大历险记——穿越迷宫"	珠海市香洲区杨匏安纪念学校
45	2017年10月30日	参加珠海市工作室经验交流会	珠海市教育局
46	2017年11月30日	参加2017年珠海教育信息技术科研与应用论文写作培训	珠海市香洲区凤凰小学
47	2017年12月5日	深圳大学教育技术副教授专题讲座"创客教育与学科教学相融合的实践"	珠海市香洲区实验学校
48	2017年12月28日	工作室学员宋深美老师分享参加广东省首届青年教师教学能力大赛的参赛心得	珠海市前山中学
49	2018年3月8日	召开工作室"十三五"规划省级课题研讨会	珠海市前山中学
50	2018年3月9日	学员宋深美老师面向珠海市教师举办专题讲座"电脑绘画项目的解读及应对策略"	珠海市第一中学
51	2018年5月31日	工作室到珠海市斗门区和风中学参观学习	珠海市斗门区和风中学
52	2018年6月7日	召开工作室期满考核会议	珠海市前山中学

育人工作室总结

2015年4月，为进一步加强珠海市香洲区中小学骨干教师队伍建设，充分发挥香洲区名优教师的示范、引领作用，建立一支适应香洲教育发展的高素质骨干教师队伍，推进香洲教育事业科学和谐、高品质均衡发展，香洲区教育局开展了第二批珠海市中小学教师工作室评选工作。2015年5月，"伍文庄中小学信息技术工作室"经过个人申报、区评选、公示等环节的层层筛选，终于拿到金闪闪、沉甸甸的牌匾，正式成立了。

在教育局领导的亲切关怀下，在专家领导的指导帮助下，伍文庄工作室承载着期望与责任，忙碌而充实地工作着。自工作室运作以来，笔者言传身教、以身作则，努力营造与时俱进、合作共赢的教研氛围，激发学员们的进取意识和学习动机，加强教研活动的协作与交流、互动与互助、创新与发展。三年来，我们围绕一条主线，抓住两个阵地，实施三项工程促进教师专业成长，引领学科创新发展。

"一条主线"：促进信息技术与课堂教育教学融合创新。

"两个阵地"：课堂教学阵地、课题研究阵地。

"三项工程"：学习工程、提升工程、辐射工程。

一、不忘初心，辛勤耕耘结硕果

工作室以名师团队为引领，积极组织开展学科教学研究工作和课堂教学指导工作。信息技术学科的教师身兼数职，工作量相当大。但是，工作室的学员们珍惜学习机会，克服困难，积极参与工作室各项活动，在工作岗位上发挥着骨干教师的示范、引领、辐射、带动作用。在市、区教研员魏小山、林海国老师组织的活动中，工作室成员主动承担公开课、专题讲座等教研任务。工作室每月积极配合市区教研员的教研活动，勇于承担任务。如在2017年9月学科全员培训活动中，工作室主持人伍文庄老师举办了专题讲座"国内外教育差异对学生能力培养的启示"，得到市教研员魏小山老师及同行的一致好评。工作室活动也得到了前山中学刘忠校长的鼎力支持，更得到了珠海市信息技术学科同行乃至广东省同行的支持和赞赏。

在区教育局领导的亲切关怀下，在专家的指导帮助下，"伍文庄工作室"积极组织开展培育活动，做到"每月有活动，活动有主题"。开展跨区跨校教研活动48次，发表博文162篇，博客访问量达19348次，举办讲座33场，上公开课28节。辛苦耕耘下，硕果累累。主要成绩如下：①开展省级优课9节。②获省级以上教育教学奖150项（国家级30项）。③主持或参与市级以上课题31项（主持10项）。④带领工作室成员主编创客类教材1本，已由广东教育出版社出版；工作室成员参编教材1本，由清华大学出版社出版。⑤在省级以上刊物发表论文20篇，省级以上获奖论文有21篇（国家级3篇）。⑥笔者（工作室主持人）被

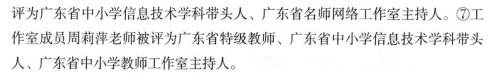
评为广东省中小学信息技术学科带头人、广东省名师网络工作室主持人。⑦工作室成员周莉萍老师被评为广东省特级教师、广东省中小学信息技术学科带头人、广东省中小学教师工作室主持人。

在中央电教馆主办的"第二十届全国教育教学信息化交流活动"中，工作室成员杨匏安纪念学校的黄妍芳老师的课例荣获全国一等奖。在中央电化教育馆主办的"第十六届全国中小学电脑制作活动"中，工作室学员积极辅导学生参加比赛，成绩斐然，获全国奖3项，省级奖38项，所得成绩在广东省名列前茅，为珠海教育增光添彩。

二、搭建平台，打造教师成长维度

1. 明确目标，制定工作室的高度

工作室的培养目标：通过资源共享、智慧生成，培养一批师德高尚、造诣深厚、业务精湛的教师。

工作室的行动口号：潜心研究，培养能力；同心协力，快乐成长！

工作室每学年年初制订工作目标与工作计划，要求学员根据工作室目标这个大方向制定自己的学年研修目标，让工作室成员更明确一学年的努力方向，更快、更好地进入研修状态，积极加强理论学习和实践探索。

2. 聘请导师，打造工作室的厚度

为了加强工作室研究的指导力量，工作室聘请了强大的顾问团，共有5人，他们是广东省教育技术中心的林君芬博士、珠海市教育研究中心的代毅主任、珠海市教育研究中心的信息技术教研员魏小山老师、香洲区教育科研培训中心（以下简称"教科培"）信息技术教研员林海国老师、珠海市前山中学的刘忠校长；名师团有3人，他们是珠海市第五中学的周莉萍老师、香洲区中学信息技术学科带头人沈松发老师、香洲区小学信息技术学科带头人寥宁表老师。还确定了香洲区不同区域的陈春蓓、李誉、赖甲坎、陈慧敏、宋深美、饶崇茂、黄妍芳、张凯、方琳、周菁、梁健松、季天姝、黄骏锋、周寿庆和刘满娥15位信息技术学科教师为工作室学员。

为了更好地培养学员，工作室按片区为学员们分配了指导老师。具有深厚的学术功底和高尚品德的导师定期为学员提供理论学习指导，结合教学实践开展公开课磨课、指导教学论文撰写等工作，通过示范引领，为学员们释疑解

惑、传经送宝，帮助学员快速成长。

3. 管理规范，拓展工作室的宽度

为了促进学员们相互交流、促进区域同行的相互研讨，工作室创建了丰富的交流平台。工作室QQ群：216188541。

博客：http://blog.sina.com.cn/u/1107910531。

微信公众号：珠海市伍文庄工作室。

工作室博客中设置了图片播放、研修动态、研修感悟、研修成果、课题研究、读书感言、博文推荐、培训学习、工作室学员博客等内容。已发布博文162篇，博客浏览量为19348。工作室通过博客，可以随时了解工作室各项工作的开展情况、学员们的思考与研究过程、学员们不断成长的成果。工作室通过工作室网站，辐射与服务广大教师，与广大同行共同交流、相互探讨、共同进步，增强学员的归属感与幸福感。此外，工作室按学年收集大小事务文件，分门别类进行录入与整理，有利于教师、学员及时进行总结与反思。

4. 和谐快乐，营造工作室的温度

工作室就是一个小家庭，学员们都喜欢称我为"庄主"，我就是这个工作室大庄园的家长。我希望用亲切的笑容为学员们带来温暖，我希望用精心的指导为学员们拂去专业的烦恼。为了提升工作室的凝聚力，我带领工作室成员共同设计了工作室的Logo，如图1-11所示。

图1-11　工作室Logo

"文"：原指花纹、纹理，喻指天地万物的运行轨迹和原理。"三人图形"喻指"三人行必有我师"。工作室Logo代表发挥团队精神，探究教育本质。

三、融合创新，培养主线亮特色

2015年5月23日，国际教育信息化大会在山东青岛开幕，大会主题为"信息技术与未来教育变革"，国家主席习近平致信祝贺大会的召开。工作室正是在这一变革背景下，紧跟时代发展的步伐，勇于开展信息技术与教育教学的融合创新。工作室主持人带领全体学员，在创新和变革学习方式、教学方式、管理方式、培养方式、资源开发、课程开发等方面进行了深入的实践与研究，并取得了初步的成果。①笔者带领工作室成员开展了"培养方式"研究，主持广东省教育科研"十二五"规划课题，"'教育云'服务下中小学教师教育技术能力可持续发展的研究"，取得了丰硕成果，并于2016年顺利结题。②笔者带领工作室成员开展"学习方式"研究，主持广东省教育科研"十三五"规划课题，"ITtools平台下培养初中学生自主学习能力的实践研究"，已进入结题阶段。③笔者带领工作室成员开展了"教学方式"研究，题为"通过ITtools平台的学习分析技术实现中学信息技术个性化教学"。④笔者带领工作室成员开展"课程开发"研究，题为"面向创客教育的初中APP Inventor课程开发与实践研究""基于项目教学法的初中APP Inventor初中信息技术校本课程开发与应用的研究"。⑤笔者带领工作室成员开展评价研究，题为"基于信息技术环境下学生自主探究及互动评价的有效性研究"。

在研究的过程中，我带领工作室成员在百忙之中积极投身课程开发工作。在珠海市档案局、珠海市前山中学、广东省教育研究院信息技术学科教研员要志东老师和广东省教育技术中心林君芬博士的大力支持下，经过无数个白天与黑夜，挥洒了数不清的汗水与心血。由笔者主编的教材《乘Scratch列车认识百年香洲》（ISBN 978-7-5548-2474-0）终于完成，全书共238页，305千字，于2018年8月由广东教育出版社出版。由笔者参编的教材《信息技术基础活动册必修》（ISBN 978-7-5406-8489-1）于2015年7月由广东教育出版社出版，全书约150千字。由工作室核心学员赖甲坎老师参编的教材《三维图形化C++趣味编程》（ISBN 978-7-302-50089-6）于2018年由清华大学出版社出版，全书共403千字。

四、拓宽视野，学习工程提素养

随着信息化时代发展，学科相互渗透、相互结合，形成一系列交叉学科、边缘学科、跨学科的学科。定期购买学科知识书籍、理论知识书籍、实践知识书籍、教育知识书籍和文化知识书籍，开展阅读活动，撰写阅读心得、摘录学员经典学习心得是工作室成员的必修课程。只有通过不断的阅读与积极探索，学科教师才能顺应时代的发展，成为通识型人才、"T"型人才——学科专业知识精深，教育科学知识广博，教育实践技能运用熟练。

此外，工作室积极带领工作室成员外出观摩与学习，尽可能地带领工作室成员"走出去，学回来"，开拓成员的眼界，增长成员的见识。如：2015年带领工作室成员参加全国初中信息技术优质课展评，2016年带领工作室成员参加广东省小学信息技术优质课交流展示活动等。

五、实践真知，提升工程促成长

聘请具有深厚学术功底和高尚品德的导师定期为学员提供理论学习指导。通过"比赛课""同课同构""研讨课""展示课""公开课"等形式帮助工作室成员在教学风格和教学创新上下功夫，帮助他们灵活地、有技巧地驾驭课堂教学，形成自己的教学风格和教学思想。

工作室成员在主持人和名师的指导下，实现自身的快速成长，不少核心成员已成为信息技术学科小有名气的骨干教师和教坛新秀，并且在各级教学竞赛中勇挑重担，奋力拼搏，勇夺佳绩。三年来，工作室获奖课例共有28节，其中省级6节，市级3节，区级19节。工作室带领成员共同辅导十一中宋深美老师参加首届广东省中小学青年教师教学能力大赛决赛，通过鼓励、支持、指导，使她自信满满，勇闯难关，最后取得了二等奖的优异成绩。这个成绩对于一位刚毕业不到三年的青年教师来说，是一次质的飞跃，也是工作室成员群策群力的共同成果。

工作室紧跟时代发展，通过"学科竞赛、创客活动、第二课堂"等形式，利用第二课堂时间，积极辅导学生参加各类竞赛。三年来，辅导学生获省级以上奖项84项，其中国家级奖21项、省级奖63项。例如，在"第十七届全国中小学电脑制作活动"中，工作室学员辅导的学生作品获全国奖2项，省级奖17项，成绩傲人，为珠海市教育增添一抹亮丽的色彩。

六、示范引领，辐射工程显情怀

常言道："一枝独秀不是春，百花齐放春满园。"为了扩大工作室的辐射效应，工作室创新性地实施"课题研究+公开课+专题讲座+区域交流"的多维度培养模式，通过区域交流、主持人示范引领，学员研讨展示，一步步地实现由个人推动学校，学校影响区域，共同推动和提升区域内信息技术的发展。

工作室以"课题"为纽带，要求每一位学员从参与课题研究开始，逐渐熟悉开展研究的过程，再进一步到自己申请区级以上课题，成为课题主持人并持续深入开展课题研究。通过循序渐进的方式，耐心地引导工作室学员不要急躁、功利地参与课题，而是明白课题研究是青年教师成长的必经之路，只有在研究中工作，在研究中学习，才能真正提升自身的阅读素养和论文写作水平。为了进一步提升工作室教师的论文写作水平，工作室经常邀请省、市、区的科研专家到工作室指导学员。例如，笔者结合自己主持的省课题"ITtools平台下培养初中学生自主学习能力的实践研究"，亲自示范，带领工作室的核心学员一起开展课题的研究工作，让学员们亲身经历课题研究的全过程。大家纷纷表示受益匪浅。三年来，工作室成员主持或参与区级以上课题33项，其中省级11项，市级6项，区级16项。这是学员们踊跃参与、积极研究、探究真知的过程。

工作室开展了一系列丰富多彩、注重实效的研修活动，增强工作室的凝聚力，促进学员不断成长。三年来，工作室共开设公开课28节，专题讲座33场。如2017年工作室推出4节"同课同构"公开课系列活动，2017年6月15日，笔者和学员八中的陈春蓓老师共同执教"同课同构"公开课"歌舞飞扬——认识Scratch"，香洲区教研员林海国老师以及各中学信息技术教师近30人参加了此次教研活动，实现了"1+1＞2"的同课同构课堂效果，得到了同行们的高度赞赏与好评。

此外，工作室主持人及名师团队多次应邀到市内外开设公开课6节、讲座15场，放大名师效应，扩大工作室的辐射面。如2016年4月工作室成员到韶关乳源中学示范带学，开设专题讲座"把握新视角，促进教育资源与学科教学的有效融合"，受到瑶族自治县同行们的热烈欢迎。

三年来，工作室共开展区域交流研讨活动27次，大大增长了学员的见识，还积极配合市、区信息技术教研员开展学科教研活动。如：2015年邀请省教育厅信息技术专家要志东老师指导工作室工作；2016年邀请广东省教育技术中心林君芬博士，东莞市信息技术工作室、南海信息技术工作室、珠海市三个信息技术工作室成员共聚珠海联合举行学术交流活动；2016年联合工作室成员、信息技术学科教师、前山中学骨干教师一起走进甄贤小学，开展"同课同构"交流活动。

七、继续前行，培育人才共发展

三年来，工作室的全体教师同心协力，潜心研究，提升素养，向着"培养一批师德高尚、造诣深厚、业务精湛的教师"的目标一路前行！实践证明，天道酬勤。我们的辛苦耕耘终于获得大丰收，花香满园，硕果累累。

随着第二届名师工作室活动的落幕，我们看到了丰硕的成果。我们相信，在区教育局领导的亲切关怀下，香洲区名师工作室会越办越好。期望名师工作室培养更多为人师表标兵、课堂教学能手、教学改革猛将、教育科研先锋、学科带头人、学科名师。

第二篇

有趣篇

头脑不是一个要被填满的容器，而是一束需要被点燃的火把。

——普罗塔戈

跟岗学习

《《 开班典礼 》》

2014年12月1日,我参加了广东省中小学骨干教师培训班的研修活动。活动内容包括参观校园、学员认识、明确学习要求、开班典礼。

上午,天空灰蒙蒙的,天气凉飕飕的,但我的心情却是火辣辣的。因为我正期待着培训班主持人——华南师范大学附属中学黄秉刚老师给我们带来知识碰撞、思想交流、理念更新……

见面后,黄老师带着我们游览了华南师范大学附属中学(以下简称"华附")的校园。这是一所远近闻名的广东省重点中学。我们按逆时针方向,欣赏了正门→国际班→爱学网工作室→板报栏→饭堂→足球场→图书馆→西教学楼→6楼电脑室。其中,图书馆的先进设备、足球场的指纹打卡器等校园设备,让我大开眼界,我对华附浓厚的文化底蕴和教育特色有了更深入的认识,同时也为华附学子拥有这么一个"海阔凭鱼跃,天高任鸟飞"的平台而感到高兴。

接着,黄老师介绍了此次跟岗学习的工作计划,明确了研修目标、研修任务、学习态度等。黄老师学术水平高,亲切友善。他无私地把华附信息技术学科教学经验、实施方案,如数家珍地逐一向我们介绍,并提出了要把学科教学与心理学结合起来,要从学生的角度去设计课堂,要深挖知识的广度、深度,开阔学生视野等教育教学理念。

这些观点和理念都让我有一种眼前一亮的感觉,我深刻感受到黄老师对我们的殷切期盼和良苦用心。我为能参加本次研修感到荣幸和自豪,同时也深感任务重、压力大、期望高。

下午,我们参加了华附为六个工作室共同举办的广东省"名师工作室"学员2014年度跟岗学习开班仪式，有幸聆听了广东省教育厅教师继续教育指导中心黄忠主任的讲话，他谈了教师队伍建设的现状、存在的问题及未来趋势。学员代表龙芸老师和冯丹老师，工作室主持人代表黄秉刚老师和黄牧航院长分别在会上讲话。会上，华附的朱校长做专题讲座"以人为本，敢于领先"，龙芸老师做专题讲座"关注理念、注重联想、主动交流、勇于展示、积极分享"，冯丹老师做专题讲座"管理机制创新、培训内容创新、培训对象创新"等。黄秉刚老师的"研修是一种荣誉，也是一种责任；提炼教学特色，全身心投入，主动发展"，黄院长的"开阔视野、明确任务、转变角色、掌握方法、分享成果"等内容，给我留下了深刻的印象。

　　跟岗学习的第一天，我已是收获满满，我会珍惜此次跟岗学习机会，把此次学习当作一次取经之旅、交流之旅、幸福之旅。

学科沙龙

　　2014年12月2日，我参加了广东省中小学骨干教师培训班的研修活动——"计算思维"沙龙，活动主题是"高中信息技术课程改革与计算思维"。

　　当天上午，我们齐聚华附行政楼4楼会议室。在学科沙龙上，我从"黑天鹅事件"入手，介绍了不可预测的重大事件与"问题求解"的关系；通过"问题求解"，引出"计算思维"的概念。然后介绍了中小学信息技术课程的核心价值，并指出，它不是操作与常识，不是工具的应用，而是思维方法的形成与提升。接着通过对程序思维、算法思维与计算思维的对比，介绍如何深层理解计算思维。然后又结合大数据时代环境，对提升计算思维的必要性做了说明。最后谈了计算思维的类型和培养方法。

　　会上，我认真聆听了学员的不同见解。如：黎福祥老师从煮饭当中渗透计算思维的论点让我们开怀一笑；张文昱老师列举了详细的应用计算思维的例子，让我们对计算思维有了更直观的认识；不少教师谈到计算思维具有普适性这个特征；等等。最后，导师黄秉刚老师指出，我们要注重生活的感受，强调学以致用的学科特点，沙龙的意义就是在于促进学习、帮助工作、优化生活。

当天下午，我们再次聚集在一起，聆听了黄秉刚老师的讲座"高中信息技术课程改革与计算思维"。黄老师带领我们一起回顾了2004—2014年高中信息技术课程改革实验历程，阐述了计算机发展经历的四个阶段——认识计算机→程序设计→软件应用→信息素养，提出了共同讨论的话题——从教几十年，我们已丢弃了哪些技能？还在吃什么老本？抛出了观点——现在的教学设计虽变成了"高、大、上"的作品，但内容却是空洞的；我们骨干教师不仅要提高课堂教学技能，还要提高理论水平。

黄老师从学科与中小学计算机课程现状入手，对"计算学科"的理解、中小学信息技术课程的建设与发展、高中信息技术课程的目标等方面进行了深入的分析，发表了独到的见解。如：语、数、外是工具类课程，是外部型课程，体育、信息技术是自我提升课程，是内部型课程；信息技术课程在哲学、心理学上有一定的欠缺；课堂教学的现状是教育学生如何进行学习，而不是教育学生如何自动进行学习；我们要善于借助机器来认识自我；教师要善于启发学生思考，引领学生发现不同，促进学生信息素养发展；我们的课程是为了问题求解，即发现问题、解决问题，而不是为了求解问题，让学生变成机器人；等等。

今天的收获是丰富的、是多维度的。黄老师组织的学科沙龙引发了我对已有教学的重新思考，同时也让我有一种拨云见日的感觉，使我对自己以前产生的一些疑惑和不解有了更好的认识，对以后的个人发展有了更清晰、更明确的方向。

Scratch课程培训

2014年12月3—4日，我参加了广东省中小学骨干教师培训班的研修活动，活动主题是Scratch课程培训，地点在华南师范大学附小。

在培训班上，一群成年人顿时变成了一群小学生，个个兴奋不已地学习

Scratch编程软件，动手安装传感器。下面谈谈此次培训的所见所闻、所思所想。

一、对Scratch的认识

第一次听说Scratch是在两年前的一次展示课中。当看到小学生们四人一组，共用一套设备，仍表现出极大的兴趣时，就想，这门课程这么有吸引力吗？今天，我终于可以亲自动手尝试了，我也表现出极高的兴致。从王正科老师的授课中得知，Scratch是由美国麻省理工学院媒体实验室（MIT Media Lab）开发的面向少儿的基于编程的多媒体创作工具，它对培养学生的计算思维、跨学科解决问题能力、创新能力等很有帮助。

二、使用Scratch的过程

通过一天的学习，我编写了八个程序：怕光的小老鼠（用手机的灯光可以让小老鼠动起来）、节能智能灯（接上一个小风扇就可以转动起来了）、圆周率的计算、哥德巴赫猜想、自制动漫、班长选举（我想把我的名字写上去，却发现无法帮自己投票，很是苦恼）、SOS挑战（我成功地识别了摩尔斯电码，有希望看懂电影《风声》的暗号了）、驾驶飞机（我差点把热敏传感器放进我的保暖瓶里）。

三、对Scratch的感觉

Scratch操作更为灵活、简单，无须记住复杂的编程代码，因而更能引起学生的兴趣。用Scratch语言可以轻松创作包含舞蹈、音乐、故事、游戏、交互、模拟实验等不同领域的作品，这是一门综合性和趣味性极强的课程。

此时，我联想起前一天我们讨论的思维方法，感觉这门课程对提高学生的直观思维、形象思维、抽象思维将有很好的促进作用，对学生的逻辑思维能力、语言表达能力、合作能力、创作能力、协调能力、动手能力能起到锻炼作用。个人认为，这是一门适合在小学高年级和初中开设的课程。

<h1>对计算思维的深入认识</h1>

2014年12月7日，我参加了广东省中小学骨干教师培训班的研修活动，活动主题是对计算思维的深入认识。以下是我的学习过程。

一、计算思维的应用

在日常生活中，计算思维无处不在。例如，你的孩子早晨去学校时，要把当天学习所需的东西放进背包，这就是预置和缓存；你儿子弄丢他的手套，你建议他沿路回头寻找，这就是回推；在什么时候停止租用滑雪板而改为购买，这就是在线算法；在超市付账时，你应当去排哪条队伍，这就是多服务器系统的性能模型；为什么停电时你的电话仍然可用，这就是失败的无关性和设计的冗余性；程序是怎样鉴别人类的，这就是充分利用求解人工智能难题之艰难来挫败计算代理程序。

二、计算思维的定义

在大数据时代，计算思维已经渗透到我们每个人的生活之中。那么，什么是计算思维？2006年3月，美国卡内基梅隆大学计算机科学系主任周以真教授在美国计算机权威期刊*Communications of the ACM*上给出计算思维（Computational Thinking）的定义。周教授认为：计算思维是运用计算机科学的基础概念进行问题求解、系统设计以及人类行为理解等涵盖计算机科学之广度的一系列思维活动。

周教授为了让人们更易理解，又将它更进一步地定义为：通过约简、嵌入、转化和仿真等方法，把一个看起来困难的问题重新阐释成一个我们知道问题怎样被解决的方法；是一种递归思维，是一种并行处理，能把代码译成数据又能把数据译成代码；是一种多维分析推广的类型检查方法；是一种采用抽象和分解来控制庞杂的任务或进行巨大复杂系统设计的方法；是基于关注分离的方法（SOC方法）；是一种选择合适的方式去陈述一个问题，或对一个问题的相关方面建模使其易于处理的思维方法；是按照预防、保护及通过冗余、容错、纠错的方式，从最坏的情况进行系统恢复的思维方法；是利用启发式推理寻求解答，即在不确定情况下的规划、学习和调度的思维方法；是利用海量数据来加快计算，在时间和空间之间，在处理能力和存储容量之间进行折中的思维方法。

面对这个定义，我抓住三个基本点：问题求解、系统设计、人类行为理解。

一是问题求解。查阅有关资料，了解到问题求解的定义是：解决管理活动中由于意外引起的非预期效应或与预期效应之间的偏差。此时，我想起了以前曾看过的一本书《黑天鹅事件》。在发现澳大利亚的黑天鹅之前，17世纪之前的欧洲人认为天鹅都是白色的。但是随着第一只黑天鹅的出现，这个不可动摇的信念崩塌了。黑天鹅事件具有意外性，产生重大影响，但人的本性促使我们在事后为它的发生编造理由，并且或多或少认为它是可解释和可预测的。

二是系统设计。中国学者钱学森认为，系统是由相互作用、相互依赖的若干组成部分结合而成，具有特定功能的有机整体，而且这个有机整体又是它从属的更大系统的组成部分。

系统有三个特性：多元性——系统是多样性的统一，差异性的统一。相关性——系统不存在孤立元素组分，所有元素或组分间相互依存、相互作用、相互制约。整体性——系统是所有元素构成的复合统一整体。

计算思维是指采用抽象和分解来控制庞杂的任务或者设计巨大复杂的系统。它关注分离（SOC方法）。它通过选择合适的方式陈述一个问题，或者在选择合适的方式时对一个问题的相关方面进行建模使其易于处理。它是利用不变量简明扼要且表述性地刻画系统的行为。它是我们在不必理解每一个细节的情况下就能够安全地使用、调整和影响一个大型复杂系统的信息。它就是为预期的未来应用而进行的预取和缓存。

三是人类行为理解。奥地利经济学派学者路德维希主张，人类所有带有意识的行动都是为了增进他们自己的快乐和满足感。米塞斯提出的另一个结论是，人类所有的决策都是以排序方式为基础的。因此，一个人不可能同时进行超过一种行动，知觉的大脑在同一时间只有可能处理一个决策——即使这些决策可以被迅速排列。

"会行为的人类"被定义为是一个有能力进行逻辑思考的人。人的灵魂包含性格和知识两大要素。性格是先天赋予的行为本能，包括欲望、情感、智力和体能等方面；知识是后天通过学习所获得的行为依据，包括习俗、技艺、科学文化知识和思想意识理念等方面。人类行为表现的基本规律有：①在特定的环境之中，具有特定个性的人，有特定的行为表现。②在相似的环境之中，具有相似个性的人或相似共性的群体，有相似的行为表现。③任何一种行为，都会相应产生一种以上的后果；任何一种控制行为的行为，也都会相应产生一种以上的后果。而任何一种行为的后果，都有其自身固有的演化规律，与行为者和实施控制行为者的主观愿望无关。

三、计算思维的理解

我通过查阅文献、访问专题论坛、探访专家博客等方式更进一步了解"计算思维"，并将计算思维与其他思维进行对比，以进行更深入的认识与理解。

1. 计算思维与其他思维的对比

（1）程序思维

①是一种解决问题的理性思维方式。

②思维方式强调程序化、流程化、分解过程。

③可以应用于所有领域，如顶层设计。

（2）算法思维

①是一种解决问题的思维方式。

②问题可以归结为解决算法。

③过程是根据问题建立模型，分解并寻找算法，评估并优化，直到解决。

（3）计算思维

①思维是理性认识的过程，是人脑对客观事物间接的和概括的反映。（《辞海》）

②计算思维是有了计算机等信息技术以后，基于快速信息处理与计算等形成的人类借助外部信息处理能力与资源的新型的思维过程。

2. 对计算思维的理解

①计算思维是每个人应当具备的基本技能，不仅仅属于计算机科学家。

我们应当使每个孩子在培养解析能力时不仅掌握阅读、写作和算术（reading，writing，and arithmetic，3R），还要学会计算思维。

②计算思维是一种递归思维，须并行处理。

③计算思维采用抽象和分解来控制庞杂的任务或者设计巨大复杂的系统。

④计算思维是按照预防、保护及通过冗余、容错、纠错的方式从最坏的情形恢复的一种思维。

四、计算思维的特征

1. 概念化

计算机科学不仅是计算机编程，还要像计算机科学家那样去思考，能够在抽象的多个层次上思考。

2. 根本技能

根本技能是每一个人为了在现代社会中发挥职能所必须掌握的，刻板技能意味着机械地重复。具有讽刺意味的是，当计算机像人类一样思考之后，思维可就真的变成机械的了。

3. 人的思维方式

计算思维是人类求解问题的一条途径，但绝非要使人类像计算机那样思考。计算机枯燥且沉闷，人类聪颖且富有想象力，是人类赋予了计算机激情。通过计算机，我们可以用自己的智慧解决那些在计算时代之前不敢尝试的问题，达到"只有想不到，没有做不到"的境界。

4. 数学和工程思维的互补与融合

计算机科学在本质上源自数学思维，因为像所有的科学一样，其形式化基础建筑于数学之上。计算机科学又从本质上源自工程思维，因为我们建造的是能够与实际世界互动的系统，基本计算设备的限制迫使计算机科学家不仅进行数学性的思考，还要进行计算性的思考。

五、计算思维的专家见解

中国计算机学会理事长李国杰院士表示，计算思维是每个人应当具备的基本技能，它不仅仅属于计算机科学家。它应当使每个孩子在培养解析能力时不仅掌握阅读、写作和算术，还要提高计算思维。计算思维是运用计算机科学的基础概念去求解问题、设计系统和理解人类行为。它可以选择合适的方式去陈述一个问题，对一个问题的相关方面建模，并用最有效的办法实现问题求解。

李院士认为："长期以来，信息科技被社会看成只是一种高科技工具，计算机科学技术也被构造成一门专业性很强的工具学科和辅助性学科；与之相应，计算思维也被理解为专属于计算机科学家的基本技能。这种狭隘的认知对发展和普及信息科技极其不利。"因此，我们应当与时俱进，培养每个孩子的计算思维。

六、在课堂教学中培养计算思维

在设计"飞行表演——在PPT中设置动作路径动画"课例时，我以珠海航展为主题，贯穿一节课的知识内容。首先以单机飞行、双机飞行为例让学生掌握动作设置的基本方法。然后创设多机飞行表演主题和资源，让学生尝试运用计算思维进行作品的设计与实践，使学生初步掌握作品规划的思维方法和实现动画的逻辑思维，提高学生思考能力。

重视学生对行为习惯的养成和交流行为的理解。精心设计的激励机制，使得学生的小组合作交流能力与自主探究能力都得到发展。如小组加分、个人表现加分、当"小老师"互帮互助加分等，充分调动学生学习的积极性和互帮互助的主动性，促进学生小组合作能力与个人创造能力同步发展。

≪≪≪ 课题研究 ≫≫≫

2014年12月9日，我参加了广东省中小学骨干教师培训班的研修活动，活动主题是专家讲座、课题开题活动。

当天上午，我们非常荣幸地聆听了由华南师范大学计算机学院赵淦森博士开展的讲座"新型计算技术及其安全——云计算、大数据"。

赵博士看起来非常年轻、有活力。他是英国留学博士，曾为英国Oracle高级工程师。赵博士主要从以下几个方面进行了介绍：

（1）信息社会：信息资源日益成为重要生产要素的表现。

（2）云计算大数据的来源。

（3）云计算的本质。

（4）科学发现的新方法：大数据。

（5）大数据挖掘和机器学习。

（6）数据驱动的决策。

在聆听的过程中，赵博士正在研究的课题"关于学生学习行为的研究"引起了我的关注，因为我也正在开展关于中学生信息技术课堂学习行为习惯的研究。这让我一下子兴奋起来，我抓住机会与赵博士交流，了解赵博士的研究方向和研究内容，希望能得到赵博士的指导，以便能够借鉴赵博士研究团队的经验，并期望能有跟随赵博士研究的机会。回到工作岗位上，我通过微信继续与赵博士进行交流，关注赵博士的微博动态信息，从中吸收有益的信息，以期开阔个人的研究视野，提升个人的研究水平。

当天下午，我们在会议室开展了课题研究的开题报告会。黄秉刚老师对我们这批骨干教师提出了严格的要求：每位学员都要从课题解读、问题发现与提出、研究假设、文献综述、研究方法和实验设计、研究建议等方面制作开题PPT，并逐个进行课题开题报告。每个课题主持人汇报结束后，小组成员纷纷积极地提出自己的见解、发表意见和建议。大家对课题名称的定位准确性进行了探讨，对研究方法进行了补充，对研究内容的可行性进行了分析。我们还对黎福祥学员的课题研究方向进行了激烈的辩论。在互动过程中，我也领悟到，课题研究范围必须精确，研究方案的设计要从可行性、科学性、高效性等方面进行深入辩证与设计。从下午2：30一直到晚上7：30，我们争分夺秒地研讨，受益匪浅，都不舍得结束！

访学南方科技大学实验学校

2014年12月10日，我参加了广东省中小学骨干教师培训班的研修活动，活动主题是访学南方科技大学实验学校。

当天上午，我们兵分三路，以自驾、乘高铁、乘长途汽车三种方式奔向同一目标——南方科技大学实验学校。途中，大家通过微信进行互动交流，了解对方行程及路况，相互提供帮助。经过两个多小时的路程，运用计算思维的"优化路线+信息时代交流方式+学习共同体互助精神"，我们各路人马终于在12点前在预订酒店会合。

当天下午，我们再次运用信息技术找到南方科技大学实验学校所在地。这是一所以"创新"为关键词，以信息化推进学校现代化和国际化发展的新型学校。俊雅有为的唐晓勇校长为我们带来了专题讲座"数字技术引发的学习变革""MOOC与翻转学习"。在聆听讲座的过程中，唐校长为我们推荐了书籍《科技想要什么》《思维版图》《18分钟改变一生》《翻转课堂的可汗学院》《新思维》《信息时代的几种发展》《大脑革命》《创造力和教育未来》《科技想要什么》等。此外，唐校长对创新教育也有个人的独到见解，他的名言至今印在我的脑海——对于数字时代的孩子要用数字时代的方法……要用批判的态度认识新事物才能真正认识它，才能在此基础上进行知识重构……不要用自己的学识限制孩子，因为他们出生在与你不同的时代……行动就会有收获，坚持就会有改变。

唐校长向我们展示了他组织学校骨干教师研发的"慕课资源网"，展示了增强现实学习、动态教程、直观认识学习等新科技，让我大开眼界。通过讲座，我还了解到翻转学习的三阶段：内容设计——开发微课，自主学习——问题反馈，展示交流——拓展深化。

通过此次访学，我深深地感觉到唐校长对南方科技大学实验学校寄予的厚望及其追求的远大目标，还有他敢于创新、勇于创新的魄力和实力。望着这所新建的学校，真心希望南方科技大学实验学校能成为师生喜爱、家长满意、社会认同的品牌化、现代化学校！

<<< 云课堂课例研讨 >>>

　　2014年12月11日，我参加了广东省中小学骨干教师培训班的研修活动，活动主题是"云课堂课例研讨"。

　　当天，我们来到南方科技大学实验学校参加全国首期小学"云课堂"学科教学设计与课堂实践学习研讨活动，观摩了数学老师梁勇的研讨课"认识图形——语数融合设计教学"、语文老师陈研的研讨课"我是一个圆"。

　　梁老师非常善于使用启发式、情境式、小组讨论式等教学法，并在学校新置的现代化平台下，展示了丰富的多媒体教学资源，炫酷的无线投影技术，动感十足的演示文稿。学生熟练地使用iPad进行师生互动、二维码教学资源、旋涡画法、微信作品展示等现代化教学手段，让我们大开眼界。

　　陈老师用动听的声音、清晰的语言、亲切的教态向我们展示了她别具一格的教学风采。她设计了"我是一个圆，我在城市里、我在零食上、我在书本上、我在宇宙里"等多个造句主题，并通过iPad等现代化教学手段与小朋友对话，展示思维导图、小豆丁图形展、绘本制作等教学环节。孩子们思维活跃、积极发言，综合能力得到充分训练，信息素养得到有效培养。

　　授课现场不时传出阵阵赞叹声、会心的笑声。当看到孩子们熟练应用现代化工具进行学习活动时，当教师精心设计的教学环节得到孩子们的积极响应时，可以说，这是一节成功的好课。但同时，我也在思考，如果一个知识点用传统的教学方法能讲解明了的话，是不是一定要用信息技术手段来完成？面对越来越丰富的信息技术教学活动，我们不能全盘否定传统教学的优势，在传统教学与现代教学之间，两者择优，才能更好地进行课堂教学设计，更好地培养出德、智、体、美全面发展的新一代。

研修学习

《《 教得巧妙·教得有效 》》

2015年11月，我参加了广东省中小学新一轮"百千万人才培养工程"学科研修活动。本次活动主要是围绕"教得巧妙·教得有效"开展主题研讨，进行交流分享，凝练教学风格。

回顾本次集中研修活动，印象最为深刻的有以下两项：

第一是认识和凝练个人教学风格。

在开展研修活动之前，导师林君芬老师就明确提出要求，每位学员要精心准备一堂展示个人教学风格的现场课，目的是让导师和同伴帮助自己寻找教学风格的关键词。为了认识和寻找自己的教学风格，初中信息技术科组一行6人来到了广州市第四十七中学汇景实验学校，完成课前的准备工作，认识该校信息技术科组成员，听评该校老师的展示课，熟悉校园环境及机房设备等。

为了更好地认识与凝练教学风格，林老师指定了两个教学内容：广州市信息技术教科书初中第一册中的"声音的采集与简单加工"，第二册中的"程序的顺序结构"，大家开展同课异构。全体学员对待此次研讨课高度认真，大家白天参加研修活动，晚上加班加点地精心准备着各自的课例。我选择的教学内容是"程序的顺序结构"。这是一节难度颇大的VB编程课，为了让学生更容易理解教学内容，我思前想后，设计了这样的教学策略：以"热量计算vs健康生活"为主题，将"程序的顺序结构"知识融入主题，激发学生的学习兴趣。我运用由浅入深、层层推进、循循善诱等教学艺术，营造自主探究、小组协作的学习氛围，设计了"情境导入""小组讨论""知识讲解""自主探究""知识碰撞""协作探究""作品欣赏""总结拓展"等教学环节，引导学生从

"问题分析""算法设计""编写程序""调试运行程序"等方面初步了解程序的顺序结构，了解完整程序应包含的三要素，模仿设计顺序结构程序以解决实际问题。

课后，导师林老师、华南师范大学附属中学的黄秉刚老师、汇景实验学校信息技术科组长邢飞军老师和同伴们给我提出了宝贵的建议，概括出我的教学风格关键词：助学、亲和力。

在林老师的指导下，我初步确定了我的教学风格：自然·自主·自得。能得到林老师的高水平指点，与同行们分享教学经验，真是感到万分的荣幸，无比的幸福！日后，我要在教学工作中积累、践行、反思、完善、凝练，最终形成独具个人特色的教学风格。

第二是聆听教育技术学博士后林君芬老师的讲座"教育教学论文的撰写方法"。

早闻林君芬老师的鼎鼎大名。此次研修活动，能近距离地与林老师交流，得到林老师的亲身指点和悉心教导，聆听她的独特见解……我感觉自己仿佛在黑暗中前行，忽然遇到了一盏明灯！

在专题讲座上，林老师介绍了撰写论文的基本规范、论文写作的方法与技巧。她重点讲述了案例类、调查报告类、经验总结类论文的写作，总结了论文的写作范式，强调好文章是"炼"出来的，是"磨"出来的。林老师还向我们推荐了不少好书，如《技术的力量》《思考的艺术》《体验经济》《生活世界中的技术》《教出有智慧的学生》《三十四位顶尖设计师的思考术》。要求我们多读各种类型的书籍，尤其是大师的书籍，让阅读成为我们的好习惯，让书籍成为我们不断进步的阶梯。

法国文学家雨果说："风格是打开艺术之门的钥匙。"认识和凝练自己的教学风格，有利于促进我们的专业成长，有利于深化我们的教学思想，有利于激发我们的创造动力。我将以本次学科研修为契机，不断凝练自己的教学风格！

<<< 提炼风格·聚焦研究 >>>

为了提炼打造培养对象的独特教学风格，2016年5—6月，广东省新一轮"百千万人才培养工程"初中名教师培养对象聚集珠海市开展学科研修活动。此次活动还邀请了林君芬导师、珠海市教育研究中心魏小山老师和"三地"五个信息技术工作室（珠海市伍文庄工作室、珠海市周莉萍工作室、珠海市梁辉晖工作室、佛山市刘凤兰工作室、东莞市黄小勇工作室）的主持人与学员。本次活动是一次工作室参与地区广、参与人员多、活动内容丰富的大型研讨活动，活动体现了"提炼教学风格，聚焦教学研究"的特色。

本次活动的公开课有两节，分别是平沙三中陈静刁老师主讲的"程序的条件判断语句"及梁辉晖老师主讲的"安卓操作系统使用基础"。这两节课的共同特点是注重培养学生的沟通与交流能力、竞争与合作能力、获取与处理信息能力等，给前来听课的同行们留下了深刻的印象。特邀专家林君芬老师则从更高的层次、更新的角度引导大家重新审视信息技术课堂教学的内涵与发展。林老师毫无保留地分享自己的学术理念和教育经验，提出课堂要注重三个增长点——教师的增长点、教育的增长点、学生的增长点，启发大家思考：教师的价值在哪里？学科的价值在哪里？

本次活动中，林君芬老师还主讲了两场专题讲座，在"中小学信息化教学研究课题的申报和管理"讲座中，林老师以清晰的思路、生动的语言、典型的案例让原本抽象的教学研究概念变得通俗易懂，让在座的信息技术教师对中小学信息化研究有了更加全面的认识；在"挖掘教学的智慧——中小学教学研究论文写作"讲座中，林老师从论文写题视角、论文格式化"八股文"、论文论点"议论文"几大方面展开详细论述，结合一线教师的教研需求，详细介绍了论文的摘要、关键词、文献等内容。

讲座过程中，林老师穿插的"即兴提问"环节让教师们积极思考、脑洞大开，思想的火花在一次又一次的"提问"中猛烈地碰撞着。大家深切地感觉到，在当前教育信息化的背景下，作为一名信息技术教师，要树立信息化教学设计师的角色意识，要认认真真唱好"三台戏"：站得了前台、站得好讲台、站得稳后台。

此次"三地五室"大型学科联合研修活动精彩纷呈、激发思维，为我们提炼教学风格提供了宝贵的意见与建议，为我们开展教育教学研究提供了全新的认识，开启了一个全新的视角！

教出美感·教出个性

2017年10月底至11月初期间，我们来到广东省东莞市石龙第三中学开展信息技术学科研修活动。本次研修活动目标是：总结"教出美感"和"教出个性"的研修经验；梳理和提炼课题研究成果；通过交流、分享个人发展进程中收获的有效经验，反思和升华教学风格。下面，谈谈本次研修的所学、所思、所悟。

一、聆听讲座，提升理论水平

作为广东省初中名教师培养对象，除了要在学校、学科教育发挥教学示范引领作用外，还要经常带领学科教师开展教学研究，这就需要我们密切关注教育变革与发展，提升自身教研理论水平。短短的7天时间里，我们有幸聆听了导师林君芬老师的两个讲座。林老师从更高的层次、更专业的角度向我们讲述了"信息化教学设计""翻转课堂与深度学习"。在"信息化教学设计"讲座中，林老师从两个核心问题谈起。一个核心问题是，培养什么人？另一个核心问题是，怎样培养？之后谈到了教育要从三维目标向核心素养转变，列举具体的教学案例，阐述了信息化教学设计的要素。

林老师结合目前各地级市正在开展的翻转课堂，为我们做了精彩生动而又幽默风趣的专题讲座"翻转课堂与深度学习"。她高屋建瓴、深度剖析多个学科（包括语文、数学、英语、科学、历史等）的精彩翻转课堂课例和教学设计理念，并结合自己的家庭教育实例，从不同角度、不同维度让大家感受到翻转课堂的魅力。她指出翻转课堂不能拘泥于固定的课堂形式，而应实实在在地将学生从课堂边缘拉回到课堂中心，真正体现教无定法。最后，林老师从教育的视角回答了深度学习的两个基本组成要素"有温度的教育"和"有宽度的教育"。

林老师高屋建瓴、出口成章、妙语连珠的个人魅力一下子吸引了前来学习的200多位同行。石龙镇宣传教育文体局杨副局长称赞道：林大师的讲座对于石龙镇来说是一场及时雨，翻转课堂一定要走出深度和宽度，走向知识内化和知行合一。

二、走进课堂，升华教学风格

研修期间，我们聆听了石龙三中英语学科梁老师展示的智慧课堂"可数名词与不可数名词"、黄老师的展示课"二进制的转换"、何老师的展示课"分类统计——带条件的函数"、唐老师的展示课"让你的小车跑起来"、林老师的展示课"点亮心中的明灯"。

之后，我结合笔者的教学风格，点评了几节展示课。我从自主学习的角度谈论了自己的看法。对于展示课"分类统计——带条件的函数"，我提出："自主学习最重要一点是激发学生的自主需求，那么何老师提供的学习主题是否可以多样化？学生的学习顺序是否可以变为自主选择？如何从关注技能训练转为关注思维建模？"对于展示课"点亮心中的明灯"，我提出："能否在上课前就展示多种不同风格的贺卡，让学生自主选择贺卡制作，自学课程，尝试完成？学生的学习教程能否打包交给学生，让他们自主选择要学习的内容？"对于展示课"让你的小车跑起来"，我表扬唐老师非常注重对学生思维能力的培养，善于引导学生思考；指出在学习过程中，仍然存在学生无法按自我学习需求来控制学习流程的情况。

示 范 带 学

≪≪≪ 示范带学·乳源之行 ≫≫≫

2016年4月17—20日，在广东省中小学"百千万人才培养工程"项目组和韶关乳源教育局的共同组织下，我们来到了韶关乳源中学开展交流联动和示范带学活动。在这短短的4天时间里，我第一次与瑶族自治县的同行们进行了亲密的接触，进行了热烈的研讨，帮助乳源信息技术教师开阔专业视野，开展课堂教学改革与创新。

一、感受乳源"风土人情"的缤纷

17日上午，我与中山的史老师、谢老师来到韶关高铁站，天空乌云密布，眼看大雨来临。我们迷茫地搜索着当地的标志，正想着该用哪种方式转车到乳源中学时，一个熟悉的身影向我们走来。原来是我们的"省百千万"同学——谢继生老师。她热情地帮我们提行李，边走边说："我很早就过来等你们了，你们在这里是很难打车到市中心的，我搭你们去车站，那里每十分钟一班车去乳源。"那一瞬间，我深深地被韶关同学的热心、真心、细心感动着。

18—20日，我的"省百千万"同学丘石梅老师热心地为我搜索当地的交通信息，省去了我查找目的地的麻烦；乳源中学的信息技术教师邹永志热心地为我提供当地学科相关信息，使我更详细地了解乳源地区信息技术学科的发展需求，助我更准确地选择我的讲座内容，保证讲座的实效性、高效性、多样性；乳源中学的黄助理、张主任、刘主任更是主动热情地为我们做好"示范带学"活动的协助与沟通工作；知识渊博的黄助理还引经据典、风趣幽默地利用课余时间介绍了乳源中学的学校特色、乳源地区的风土人情及历史典故等，为我们打开了一扇了解乳源的窗户。

乳源真是个以诚相待、淳厚朴实、令人心情舒畅的好地方！

二、展示学员"示范带学"的风采

在来乳源之前，为了更好地了解乳源地区信息技术教师的教学教研现状，我通过QQ与当地学科负责人邹永志老师进行了多次交谈，了解到他们最想了解的学科需求及当地的信息技术设备。邹老师还主动将学校的微信公众号给我，让我更深入地了解乳源中学。

4月18日，我终于来到了环境优美、历史悠久的乳源中学。站在教学楼408课室里，面对热切期盼的目光，我感觉到一丝丝的压力，也感觉到一丝丝的幸福。因为，为了此次讲座，我已修改了多次讲座内容，一遍又一遍地筛选适合乳源中学的讲座内容，希望能给当地的信息技术教师带来一场丰富的学术交流盛宴。

我的讲座是"把握新视角，促进教育资源与学科教学的有效融合"。讲座内容分为两部分：一是工作室介绍。二是认识在风起云涌的互联网时代下，我们该如何从新的视角认识新型教育资源；在教育改革的浪潮中，如何通过分析已有教育资源，更新观点；在教学实施过程中，如何用有效的方式去融合教育资源。

在知识讲解环节，乳源信息技术教师表现出好学的神态。他们对网络时代新型教学资源、珠海市信息技术学科的动态发展信息、开展的教科研活动、取得的教学成果均产生极大的兴趣。在案例展示环节，乳源信息技术教师表现出激动的神情。通过真真切切观看课堂实录，在了解珠海正在实行的新型网络教学模式和网络教学资源时，他们惊呼眼界大开，增长了见识。在交流互动环节，乳源信息技术教师表现出热切的神态。他们就学生竞赛、教学比赛、创客活动等问题与我进行了深入、热烈的探讨。他们提出了自己在工作过程中遇到的困惑与困难，与我一起探讨解决方案。我则结合自己的教学经验一一给出了自己的一些看法与建议。

此次乳源之行，充分展示了我们"百千万人才培养工程"学员们扎实的教学基本功、严谨的工作态度、高水准的专业素质，受到了当地同行的高度赞扬。

乳源真是个更新观念、交流思想、互相促进的好地方！

示范带学·乐昌之行

2017年4月，在广东省中小学"百千万人才培养工程"项目组和韶关乐昌教育局的共同组织下，我们名教师、名校长培养对象来到韶关乐昌市新时代学校开展示范课、公开课、听课评课、同课异构、专题讲座、教育论坛、师徒结对、现场诊断等形式多样的示范带学活动。我在韶关乐昌教育局的安排下，到乐昌市新时代学校开展专题讲座"基于网络平台的学生自主性学习研究"。

由于工作任务太多，来到乐昌市之前我就已处于生病状态，因咳嗽导致声音沙哑。但一踏入乐昌新时代学校的科学楼阶梯课室，立即被乐昌市信息技术教研员和信息技术教师热烈的掌声感动，我动情地大声说："感谢大家的掌声。虽然今天我的声音自带磁性，但希望今天的讲座能给大家带来经验的交流，思想的碰撞，共同的进步！"

首先，我从社会发展需求、学生发展需求、学科发展需求三个方面介绍了自主学习的重要性，并展示了新型自主学习网络教学辅助平台ITtools强大的功能及灵活高效的课堂教学支持作用。其次，介绍了国内外关于自主学习的研究专家及相关理论依据，如华东师范大学庞维国教授、美国华盛顿城市大学齐莫曼教授、苏联心理学家维果斯基等，还详细展示了齐莫曼教授建立的自主学习模型，个人、行为、环境。再次，结合案例对比与案例分析，从激发学习动机、构建自主学习模式、重构教学设计、创设学习环境四个方面详细介绍了自主学习的具体实施过程。最后，与乐昌市信息技术教师进行交流互动，对教学环境、学生特点、教学方法、教学资源等进行了热烈的探讨与交流。

此次示范带学活动得到了乐昌市教育局信息技术教研员的高度赞赏，得到了乐昌市信息技术教师的积极参与。活动中，我将自己在教育教学中积累的经验无私传授给当地教师，为当地信息技术发展出谋献策，并通过微信、QQ、博客等方式在日后继续交流与沟通，希望为乐昌市教师的专业发展尽自己的一份心，出自己的一份力！

示范带学·海丰之行

2018年4月，在广东省中小学"百千万人才培养工程"项目组和汕尾市海丰县教育局的共同组织下，我来到海丰县德成中英文学校参加2018年"百千万人才培养工程"培养对象走进乡村送教活动，我开展的专题讲座是"学生自主学习能力培养策略与实践"。

讲座开始，德成中英文学校副校长刘芬生代表海丰县教育局和德成中英文学校对"百千万人才培养工程"培养对象送教下乡表示热烈的欢迎，并希望与会教师珍惜学习机会，积极请教。

在长达两个小时的专题讲座中，我结合实际教学案例，就为何自主学习、何为自主学习、如何自主学习三个问题进行了系统介绍。在介绍"为何自主学习"时，重点介绍了中国学生发展核心素养、信息技术学科核心素养与自主学习的关系；在介绍"何为自主学习"时，通过课堂实录案例分析了自主学习的内涵与本质；在介绍"如何自主学习"时，从以下四个方面进行详细的介绍：①发挥教学四要素作用。介绍了教师、学生、教学内容与教学媒体四要素的组成及其作用。②创建有效自主学习的教学模式。介绍了自主学习六步法，"导、读、测、练、评、思"的具体含义，并展示了自主学习六步法的应用课例。③构建促进自主学习的激励机制。实施激励时把奖励或惩罚学生的理由告诉学生，使学生理解激励的归因，引导学生逐渐学会根据自己学习的表现实施自我奖励或自我惩罚，真正起到激励的作用。④营造有利于自主学习的环境。创设形式多样、功能丰富的学习情境，让学生从中主动学习。

此次讲座，让与会教师对培养学生自主学习能力又有了一个全新的认识，为他们在当地开展自主学习提供了有效的指导！相信，"百千万人才培养工程"培养对象走进乡村送教活动，将推动当地教育教学改革发展，促进当地教师专业能力提升。

示范带学·乳源再行

2019年4月，在广东省中小学"百千万人才培养工程"项目组和韶关市乳源教育局的共同组织下，我又来到了韶关，来到乳源民族实验中学，开展了一次不一般的"示范带学"研讨活动，与乳源民族实验学校的信息技术教师结对帮扶，携手互助。

一、了解当地民族特色

2019年4月18日上午，在乳源民族实验学校的校级领导带领下，我参观了校园校貌，对乳源民族传统特色有了进一步的了解。乳源民族实验学校是县直属的以招收少数民族学生为主的学校，它肩负着为乳源少数民族培养全方位人才的重任。学校根据近年现代教育发展的大趋势，挖掘民族传统，把先进的教育理论与学校实际紧密结合，大胆改革，确立了"以人为本，传承创新"的办学理念，致力于提高学生综合素质，培养"合格+特长"的少数民族学生。

乳源民族实验学校致力于提高学生综合素质，培养"合格+特长"的少数民族学生，在美术、音乐、舞蹈、体育、刺绣等方面充分发挥学生民族特长，开设了瑶族山歌、竹竿舞、刺绣、腰鼓、长鼓操课程，开展了少数民族传统体育运动，如押加、高脚、蹴球、陀螺等特色教学。

二、了解当地教学现状

为了更好地了解韶关市乳源地区信息技术教师的教学教研现状和乳源民族实验中学的学校情况，我在得知联系方式后主动与该校负责人廖莹莹老师取得联系。没想到，廖老师是一个非常热情、做事认真的年轻老师。她详细地介绍了该校的课程进度与学生特性，还提供了该校电脑室的照片、刚刚上完的一节公开课视频……那一瞬间，我深深地被廖老师热心、真心、细心的工作态度所感动。

三、点燃当地学习热情

2019年4月18日下午，我来到了环境优美的乳源民族实验中学，给学生带来了一堂与众不同、别开生面的电脑课。在此之前，我做了充分的准备工作。我从珠海带来了10台平板电脑和10个观看3D视频的"金字塔"，在上课前的两个小时将学生的学习资料传到学生电脑上，把上课实践使用的工具放在每位学生的桌面上……果然，当学生走入课堂的那一瞬间，眼睛闪耀着好奇与期盼的光芒，我营造的课程主题成功地点燃了学生的学习兴趣。

我为乳源民族实验中学的初二学生带来的是一节融信息技术与物理知识为一体的跨学科公开课"炫彩视频制作初体验"。在整个教学过程中，我面带笑容，从容淡定地组织课堂教学各个环节，展示出作为一名教师的教学风采与教育智慧。整节课的设计独具匠心，以有趣的3D视频为主题，充分激发学生的好奇心，我精心设计了欣赏区、制作区、创作区、科讯区四大学习环节，通过操作实验和视频制作过程，引导学生寻找3D视频成像原理，体验3D视频创作过程，提升学生的创作能力。通过交流欣赏，学生切实感受到了创作的乐趣。整节课提供了三位一体的"教学素材+自学知识+微课视频"的教学资源，采用了"小组合作+自主学习"相结合的学习方式，设计了"激励+评价"的方式，充分培养学生的自主学习能力，有效提升学生的综合素养。

这是一节跨学科、跨平台、跨能力的体现新教学理念的公开课，开阔了学生的视野，得到了当地学生与教师的高度赞赏与一致好评。乳源中学的邹老师表示："今天收获颇丰，伍老师的教学给我带来了激烈的思想碰撞，让我深受启发！"

四、促进当地教师发展

接着，我为乳源地区的信息技术教师带来了一场丰富的学术交流盛宴，演讲的题目是"促进学生自主学习的网络课程开发与应用"。讲座内容分为四部分：一是什么是自主学习，二是网络课程开发平台，三是网络课程开发过程，四是网络课程应用策略。我结合主编的精品课程，详细论述了课程的整体结构、内容开发、课程特色、课程平台、课程资源等方面内容。最后，与乳源信息技术教师对珠海信息技术教育、教学模式等内容进行了深入、热烈的探讨。

　　此次乳源送教下乡之行，充分展示了我们广东省"百千万人才培养工程"名师扎实的教学基本功、严谨的工作态度、高水准的专业素质，使省级名师与乡村教师共同实现"与子携行，与子共赢"的教育目标。

教 学 展 示

课例"歌舞飞扬——认识Scratch"

一、教学目标

1. 知识与技能

（1）认识Scratch界面主要组成部分（工具区、舞台区、角色列表区、指令区、脚本区）及其功能。

（2）认识如图2-1所示的四个指令，构思歌舞表演动画效果，设计脚本，编写程序。

图2-1　四个指令

（3）初步运用事件、控制、外形、动作指令编写简单程序，创意制作歌舞表演动画。

2. 过程与方法

通过应用Scratch编写程序编写歌舞表演动画的过程，了解Scratch编程的一般方法。

3. 情感态度与价值观

通过对Scratch软件的学习，激发学生主动学习Scratch的热情。

通过应用Scratch编写脚本，让学生体验编程的乐趣。

通过编程制作歌舞表演动画，培养学生创新思维。

二、教学重点

（1）认识Scratch界面主要组成部分及其作用。

（2）认识如图2-1所示的四个指令，构思歌舞表演动画效果，并通过拖动以上指令设计脚本，编写程序。

三、教学难点

1. 了解Scratch编程的一般方法。

2. 初步学会综合运用事件、控制、外形、动作等指令编写简单程序，创意制作歌舞表演动画。

四、教学过程（见表2-1）

表2-1　教学过程概述

教学环节	教师活动	时间
"导" 情境导入 认识软件	1. 提问：今天我们请来一位客人，在你的电脑桌面上有一只小猫，你知道它叫什么名字吗？ 2. 视频播放Scratch简介。 3. 教师操作示范Scratch界面组成。 （1）Scratch界面的主要组成部分：工具区、舞台区、角色列表区、指令区、脚本区。 （2）老师操作示范：制作简单的歌舞表演动画	6分钟
"读" 明确组别 自主学习	1. 全班分为高歌队和热舞队，同一队坐在同一列，按高歌队、热舞队交错排列。 2. 学生们进入平台，自主学习。 3. 学生完成基础任务，"主角登台"，完成时间为5分钟。 （1）自选背景。 （2）高歌队：添加一个唱歌的角色。 热舞队：添加一个跳舞的角色。 拖动以下四个指令，搭建程序，使角色动起来。 4. 教师在台下指导。 5. 应用"希沃授课助手"软件实现手机与电脑同屏，展示学生学习表现。 6. 帮助教程：ITtools平台"基础任务"栏目。 激励方式：完成任务或帮助同伴的学生，可领取一枚"快乐"标贴	8分钟

教学环节	教师活动	时间
两队交锋 知识小结	1. 两队第一次交锋：完成基础任务的学生把"快乐"标贴粘到白板对应分队的位置上。 2. 应用"希沃授课助手"软件实现手机与电脑同屏播放，展示学生学习表现。教师点评学生作品，评价队员表现。 3. 小结：Scratch编程的一般方法	6分钟
"测" 自我检测 自定目标	1. 请同学们进入"自我检测"栏目，完成选择题。 2. 引导学生根据检测结果，自选下列三层任务中的任意一个或两个，并相互帮助，完成任务，达成预设目标。 3. 保存文件：上传至ITtools平台。 4. 操作提示：根据指令颜色查找指令所在模块	

请根据你的"自我检测"分数选择你的学习目标：

教学环节	自我检测分数	目标级别	任务内容	参考指令	样例	时间
"练" 实现目标 培养能力	小于等于6分	A	"歌舞同台"： 自选背景，添加已确定歌手角色、跳舞角色，设计"下一造型"指令和"等待时间"指令实现两类角色同台表演的效果			10分钟
	大于6分，小于8分	B	"团队表演"： 在完成A任务的基础上，使用"复制"功能设计相同角色共同表演的舞台造型，实现团队表演的舞台效果			
	分数大于等于8分	C	"创意表演"： 在完成B任务的基础上，添加"移动"指令和"碰到边缘就反弹"指令，实现团队的创意表演效果			

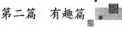

续表

教学环节	教师活动	时间
"练" 实现目标 培养能力	1. 帮助锦囊：ITtools平台"进阶任务"栏目。 2. 通过同屏功能，播放学生在课堂学习过程中的行为表现。 激励方式： （1）完成任务奖励：完成预设目标的学生可领取1~3枚"快乐"标贴。 （2）帮助同伴奖励：帮助一位同伴，可领取一枚"快乐"标贴	
"评" 再次交锋 作品展示	两队第二次交锋：完成进阶任务和挑战任务的学生可把"快乐"标贴粘到白板上，最后评选出标贴个数最多的一队。 请学生打开自己的作品并运行，大家站起来走动欣赏同伴作品，选出最佳作品。 通过ITtools平台投票产生进阶任务的最佳作品。 学生上台展示最佳作品，师生点评。 学生再次进行课堂检测，对比前测，反思是否已掌握所学知识。 激励方式：作品获展示的作者，可获得奖品一个	10分钟
"思" 交流总结 自我评价	知识总结：总结本课学习，梳理知识体系。 情感小结：挑战自我真快乐、帮助同伴好快乐、共同合作同快乐。 通过ITtools平台的"自我评价"栏目，评价本节知识收获、情感收获、能力收获	5分钟

课例 "逐帧动画的设计与制作"

一、学科目标

1. 知识与技能

（1）了解帧的类型及其作用。

（2）初步学会分解动作画面。

（3）构思动画效果，学会制作简单的逐帧动画。

2. 过程与方法

通过亲身设计与制作逐帧动画，掌握逐帧动画的制作方法。

3. 情感态度与价值观

（1）通过动画分析，提高对帧类型的理解。

（2）在小组合作学习的过程中，培养团队合作意识、互帮互助的习惯。

二、技能目标

培养协作能力、交流能力、高阶思维能力、自主探究能力、批判性思维能力。

三、 教学资源

Flash软件、PowerPoint软件、Excel软件、XMind软件。

四、教学活动（见表2-2）

表2-2　教学活动概述

时间	教与学活动	设计意图
3分钟	【回顾】知识复习 1. 播放上一节课学生作品，引导学生回忆上节课所学知识，填写知识概念图。 2. 师生一起回顾Flash的基本概念 Flash动画：基本概念（图层：单图层、多图层；帧）、基本类型（逐帧动画；补间动画：动画补间、形状补间）	通过梳理知识，帮助学生构建Flash动画知识体系，培养学生的知识构建能力

时间	教与学活动	设计意图
5分钟	【活动一】欣赏与分析 1. 作品欣赏："小黄人hello"，小黄人撑伞，打开两个作品源文件，点击每一帧，观察动画的变化。 2. 思考：这两个作品有什么共同点？小组讨论一下。 3. 要求：运用思维导图将小组讨论的结果填写出来。 4. 激励方式：讨论热烈的小组成员各加2分	小组内成员头脑风暴，初步了解帧的两种类型。 培养学生的协作能力、交流能力
3分钟	【结果展示】 1. 展示学生思维导图作品，并简要点评。 2. 激励方式：作品获展示的小组成员各加2分	培养学生的批判性思维
7分钟	【活动二】完成基础任务 1. 结合上述两个作品，介绍逐帧动画的定义，引导学生概况其特点。 2. 明确基础任务： （1）打开 "小黄人hello" 动画源文件。 （2）把动画中第6帧延长一段时间。该如何操作？ （3）测试影片：实现动画效果了吗？如果没有，请重新制作。 3. 温馨提醒：应该插入什么类型的帧？ 4. 学生动手操作，尝试完成任务。 5. 教师巡视，应用思维导图记录小组表现，并给予帮助。 6. 学生上台示范完成基础任务，教师点评。 7. 激励方式：小组互相帮助。完成任务的前四个小组成员可获3分的奖励。其余小组成员获2分的奖励	让学生亲自实践，实现动画效果，在此过程中帮助学生了解帧的类型及其作用，初步学会分解动作画面。 培养学生的自主探究能力、小组互助能力。 运用思维导图帮助教师记录学生课堂表现，帮助教师及时记录、及时反馈、长期跟踪、了解学生学习状况的动态发展趋势

时间	教与学活动	设计意图
2分钟	【活动三】知识梳理 1. 运用思维导图完成"帧的分类"填空题,让一名学生上台完成。 2. 运用思维导图小结帧的五大类型及作用。 3. 激励方式:上台示范的学生给予2～5分的奖励	运用思维导图帮助学生区分五大类型的帧,通过实例帮助学生理解其作用。 培养学生的高阶思维能力
10分钟	【活动四】完成进阶任务、挑战任务 1. 进阶任务 (1)请你与对角线同伴交换位置,点击图层"题目"第11帧,使用"A"工具输入你心目中的答案,然后返回座位。 (2)欣赏老师提供的"对错"范例。 (3)核对老师公布的答案,在"对错"图层第29帧,模仿制作"评语"逐帧动画,对的打"√",错的打"×"。 (4)测试影片,调试动画。 (5)保存文件为"进阶任务+c1+班别+位置号+姓名.fla",上传至服务器,如"进阶任务c1208李扬.fla"。	设置不同层次的学习任务,有助于满足不同层次学生的需求。 挑战任务中帮助学生发挥创造思维。 设置激励方式增强学生互帮互助的意识,培养学生互帮互助的习惯。

时间	教与学活动	设计意图
	2. 挑战任务 （1）点击"背景"图层，解锁，在"属性面板"中交换背景图为自己喜欢的图像。 （2）点击图层"题目"第1帧，使用"A"工具修改一个你自己的题目；再到该图层第11帧，"答案"。 （3）点击"对错"图层，在合适位置设计和制作独特个性的"评语"逐帧动画。 （4）测试影片，调试动画。 （5）保存文件为"挑战任务+c1+班别+位置号+姓名.fla"，上传至服务器，如"挑战任务c1208李扬.fla"。 3. 激励方式：如果整个小组都已完成进阶任务，每人将得到4分奖励。个人完成挑战任务的加5分。 4. 作业提交：把作品通过ITtools平台上交。 5. 给出评价量规，已上交作品的学生评价同伴作品。达标要求： （1）作品运行流畅。 （2）作品画面美观，有故事性。 （3）"评语"逐帧动画中帧的使用正确，没有错误。 （4）"评语"逐帧动画内容设计独特，表现手法吸引人	培养学生的创新能力、协作能力、交流能力、高阶思维能力。 培养学生的批判性思维能力
4分钟	【活动五】展示与评价 展示学生的优秀作品，评价其创新的设计或提出改进的建议。 激励方式：展示作品的作者加3～5分	培养学生的交流能力、评价能力
6分钟	【活动六】总结与检测 1. 应用思维导图小结逐帧动画的知识内容。 	通过思维导图，梳理知识体系，培养学生的归纳整理能力、建构能力。

时间	教与学活动	设计意图
	2. 学生自主完成4道检测题。 （1）当增加新的逐帧动画内容时，应插入（　　）类型的帧。 A. 普通帧　　　B. 关键帧　　　C. 延长帧 （2）测试影片的快捷键是（　　）。 A. Enter键　　　　　　　　B. Alt+Enter键 C. Shift+Enter键　　　　　　D. Ctrl+Enter键 （3）逐帧动画是在每一帧上绘制（　　）内容，使其连续播放而成动画。 A. 相同　　　　　B. 不同 （4）延长某一画面显示时间的方法是，在该关键帧后插入（　　）类型的帧。 A. 普通帧　　　　B. 空白关键帧 C. 关键帧　　　　D. 过渡帧 3. 教师查看检测结果，挑选学生错误最多的题进行讲解。 4. 介绍下节课的学习内容	通过ITtools平台，直观明了地显示学生完成检测题的情况，及时发现问题并给予评析。培养学生的批判性思维能力

五、教师的教学感想

（1）将思维导图应用于信息技术学科的教学过程中，我还是第一次实践，感觉很是新鲜。在实践过程中发现，思维导图能帮助平时条理性不太强的学生更好地理解所学知识。

（2）设计了不同课堂需求类型的思维导图，有学生"小组讨论"思维导图、"Flash动画"思维导图、"帧的类型"思维导图、"逐帧动画"思维导图。

（3）不仅设计了学生学习使用的思维导图，而且设计了教师课堂使用的思维导图，从另一个角度更好地帮助教师及时记录课堂实况。这种长期跟踪学生表现的载体，如果长期使用，能否有效帮助教师调控课堂，了解学情？我将在后续的教学过程中使用并验证"课堂记录思维导图"的实效性。

课例"程序的顺序结构"

一、教学内容分析

本节课学习内容是广州市信息技术教科书初中第二册第二章第四节内容"程序的顺序结构"。顺序结构是最基本的程序结构，本节课在整个程序设计的学习过程中起到一个承前启后的作用，"前"是指它是对语句、语法使用的深化认识，"后"是指它是程序结构学习的基础知识。因此，本节课的教学重点是了解程序顺序结构的表示方法，了解完整程序包括的三要素——数据的输入、处理、输出。本节课的教学难点是学会理解程序顺序结构的含义。

二、教学对象分析

初二的学生认知特点以识记为主，在逻辑推理、知识迁移、自学能力上仍处于初级阶段，需要教师指引。程序初步设计这部分内容涉及语法、结构等符号化的知识，对学生来说非常抽象和陌生，学生不容易理解与接受，容易失去兴趣。在本节内容前，学生已学习了VB程序设计环境、变量、赋值语句、算术表达式等知识，为本节课的学习打下了一定的基础。

三、教学目标

1. 知识与技能

（1）了解画圆语句的功能和格式。

（2）了解程序组成三要素：数据的输入、处理、输出。

（3）了解程序的顺序结构的表示方法。

（4）理解程序的顺序结构的定义。

2. 过程与方法

（1）通过实践操作，了解画圆语句在程序设计中的应用。

（2）掌握程序分析的方法。

3. 情感态度与价值观

（1）培养学生发现问题、分析问题和解决问题的思维习惯。

（2）培养学生严谨的程序设计思维习惯。

（3）培养学生运用所学知识解决实际问题的意识。

四、教学重点

1. 了解程序组成三要素：数据的输入、处理、输出。

2. 了解程序的顺序结构的表示方法。

五、教学难点

理解程序的顺序结构的含义。

六、教学过程（见表2-3）

表2-3　教学过程概述

教学环节	教师活动	时间
创设情境	1. 视频欣赏：珠海绿道宣传片。 2. 提问：你知道骑自行车和跑步消耗的热量有多少吗？ 3. 运行文件"运动热量计算.frm"，输入假设的运动时间，运行程序，得到运动热量数值	3分钟

教学环节	教师活动	时间
创设情境	**周末我们去绿道运动吧！** 骑自行车(小时)： 0 慢跑(小时)： 0 运动热量（卡）： 0 计算　结束	
小组讨论	1. 提出思考：你知道骑自行车1小时平均消耗的热量是多少吗？慢跑1小时平均消耗的热量是多少？运动热量的计算公式是什么？ 2. 请学生们打开程序"运动热量计算.frm"的代码，自主思考一下，再以4人为一小组，共同讨论，完成学案的基础任务1。 3. 基础任务：打开练习文件"运动热量计算.frm"，思考或小组讨论后，填写下面的填空题。 （1）骑自行车1小时平均消耗的热量是：_____。 （2）慢跑1小时平均消耗的热量是：_____。 （3）运动热量的计算公式是：骑自行车时间×（　　　）+慢跑时间×（　　　）。 4. 提问学生，回答问题。 ▲ 激励机制：正解回答问题的学生所在小组每人加4分，回答不正确的学生所在小组每人加2分	5分钟
知识讲解	1. 对程序"运动热量计算.frm"进行分析。 2. 学生完成学案中的基础任务2。分析程序界面及代码，填写对象属性表中的空格。 Private Sub Command1_Click() Cls c = Text1.Text r = Text2.Text k1 = c * 660 + r * 600 Text3.Text = k1 FillStyle = 0 FillColor = vbBlue Circle (11000, 3000), k1 / 3, vbBlue End Sub Private Sub Command2_Click() End End Sub	5分钟

续 表

教学环节	教师活动					时间

知识讲解						

对象	属性	属性值	对应的变量	作用
Text1	Text	0		输入骑自行车的时间
Text2	Text	0		输入慢跑的时间
Text3	Text	0		输出运动热量的值
Command1	Caption	计算运动热量	/	数据处理
Command2	Caption	结束	/	程序退出
Label1	Caption	骑自行车（小时）：	/	内容说明
Label2	Caption	慢跑（小时）：	/	内容说明
Label3	Caption	运动热量（卡）：	/	内容说明

3. 教师提问，学生回答。

4. 教师解读程序"运动热量计算.frm"的语句。

5. 介绍完整程序的三要素：数据输入、处理、输出。

▲ 激励机制：正解回答问题的学生所在小组每人加2~4分

自主探究

1. 介绍Circle语句的组成及参数。

（1）画圆语句：Circle（x，y），r，［color］。

（2）VB中FillStyle属性决定填充封闭图形的图案样式。

（3）VB填充色名称。

2. 学生完成学案中的进阶任务：修改画圆语句，设计出不同颜色、不同样式的圆。

3. 学生作品展示。

4. 改错题分析，学生上台操作示范。

```
Private Sub Command1_Click()
Cls
c = Text1.Text
r = Text2.Text
k1 = c * 660 + r * 600
Text3.Text = k1
Circle (11000, 3000), k1 / 3, vbBlue
FillStyle = 0
FillColor = vbRed
End Sub
```

5. 介绍顺序结构的定义及表示方式。

▲ 激励机制：完成任务的前六个小组每人加5分，其余完成任务的小组每人加3分，上台操作示范的学生所在小组每人加4分

时间：10分钟

教学环节	教师活动	时间
协作探究	1. 明确挑战任务1： （1）打开"计算食物热量.frm"程序，修改食物的图片。 （2）根据食物的热量单位，修改程序中"计算食物热量"的计算公式。 2. 明确挑战任务2： （1）增加食物品种，增设文本框。 （2）根据食物的热量单位，修改程序中"计算食物热量"的计算公式。 （3）分析运行结果画出的两个圆，思考从健康的角度你得到什么启发。 _表格见下_	12分钟

图片	品种	食物热量（卡）	图片	品种	食物热量（卡）
	西瓜 100克	25		青瓜100克	12
	鲜牛奶 250毫升	163		薯片100克	502
	可乐250毫升	463		雪糕1个	228

3. 学生完成挑战任务，教师巡视指导。

4. 展示作品评价量规。

5. 作品互评、点评。

▲ 激励机制：完成挑战任务的学生每人加3分

教学环节	教师活动	时间
总结拓展	1. 知识梳理: （1）学习了程序分析的方法。 （2）完整的程序一般具有三要素。 （3）顺序结构的定义及表示方法。 2. 运行"计算食物热量.frm"程序，引导学生分析两个圆所隐含的意思，引导学生养成健康的运动习惯。 3. 提问学生本节课学习的收获。 4. 展示"小组加分程序"，表扬优秀小组。 5. 结合"小组加分程序"，引出下节课的学习内容。 ▲ 激励机制：回答问题的学生所在小组每人加3分	5分钟

课例 "动感文字——动作补间动画的制作"

一、指导思想

《课程标准》强调面向学生的日常学习与生活，让学生在亲身体验中掌握知识，提高信息素养。本课以建构主义理论为基础，突出以"学生为主体，教师为主导"的教学理念，注重教学过程中三维目标的渗透，采用了以学生的学习和发展为中心的网络课堂教学模式，培养学生自主探究能力、小组合作能力，提高学生获取信息能力、加工处理和应用能力以及交流与评价能力，进一步提高学生的信息素养。

二、教材分析

本课的学习内容是粤教版普通高中信息技术选修模块2《多媒体技术应用》第五章第二节中的内容。之前学生已经学习了使用文本工具输入文字的方法，学习了时间轴、帧、元件等概念。本节课将学习文字动作补间动画制作，这是文字动画制作的基本方法之一，也是对之前已学知识的一次综合应用。掌握本节课的学习内容对学生学习后面的文字遮罩特效有铺垫作用，对提高学生综合应用能力和逻辑推理能力有促进作用。

三、学情分析

本课的授课对象为高二年级学生，他们在逻辑推理、知识迁移、思维能力上达到了一定的水平。通过之前的学习，学生已知道将元件作为动作设计的对象，并初步掌握了元件的几种属性变化：旋转、变大、变小、变换位置、变换颜色等。相信学生对于本节课的学习内容一定很感兴趣，但他们会因急于一显身手而弱化了对文字动作补间动画的制作步骤进行系统了解，从而造成动画制作的失败。经调查，绝大部分学生没有制作文字动画贺卡的经验，对一个完整作品的规划与设计能力还比较弱。因此，本节课的教学重点应该是掌握制作文字动作补间动画的基本步骤。路径的形状设计是制作动作路径动画的关键，但对于初学者来说，不宜讲解太多的内容，让学生掌握基本的编辑路径方法更为重要。让学生产生成功感容易吸引学生进一步学习。因此，本节课的教学难点是掌握编辑动作路径顶点的基本操作方法。

四、教学目标

1. 知识与技能

（1）了解动作补间动画的定义和特征。

（2）掌握制作动作补间动画的基本步骤。

（3）学会运用动画规划表实现动画。

2. 过程与方法

（1）掌握制作多个文字动作补间动画的方法。

（2）初步掌握评价动作补间动画作品的方法。

（3）通过亲历制作动作补间动画的过程，提高综合运用能力。

3. 情感态度与价值观

（1）培养学生善于分析问题、触类旁通、举一反三的逻辑推理能力。

（2）激发学生的想象力和创造力，提高学生小组合作意识。

（3）引导学生热爱家庭，关心亲人。

五、教学重点

掌握制作文字动作补间动画的基本步骤。

六、教学难点

了解动画规划表的作用。

七、教学策略

本节课以"父亲节"为主题,将"文字动画制作"的知识内容融入主题,在对学生进行知识传授的同时进行感恩教育。本节课遵循由浅入深、层层推进、循循善诱等教学原则,营造了自主、合作、探究的学习氛围,设计了"创设情境""任务驱动""自主探究""作品欣赏""交流评价""总结拓展"等教学环节,营造了快乐的学习氛围。

本节课采用以学生的学习和发展为中心的任务驱动教学、主题式教学、启发式教学、案例教学等教学方法,突出自主、探究、合作等学习方法。另外,还精心设计了网络教学平台,设置了教学导航栏目,如【学习目标】【知识讲解】【自主探究】【交流评价】【总结拓展】【课堂检测】,设置了学生练习栏目,如【学习任务】【作品欣赏】,提供了丰富的教学知识内容、欣赏作品,营造了自主、合作、探究的学习气氛,扩充了课堂教学的容量与质量,大大提高了课堂教学效率。

八、教学环境

1. 软硬件环境

多媒体电脑室、液晶投影仪、电子教室系统。

2. 教学资源

主题教学网站、创作素材资源。

九、教学过程（见表2-4）

表2-4　教学过程概述

教学环节	教师活动	时间	学生活动	设计意图
课前准备	1. 与班主任联合举办一个父亲节感恩活动，利用班会课时间，分男生、女生在班上设计父亲节感恩贺卡，并在卡上写一句感谢父亲的话，签上自己的名字。 2. 上课前PPT播放"父亲节的由来"文字介绍		观看父亲节由来内容	了解父亲节的由来，创设感恩父亲的主题学习情境。 通过班会课，让学生共同创作两大张父亲节贺卡并粘贴在教室中
创设情境	1. 展示学生制作的父亲节贺卡。 2. 播放最感人沙画视频"爸爸的肩头"。 	3分钟	看到自己制作的父亲节贺卡，重温对父亲的感受。观看沙画视频，感受作者感谢父亲的思想感情。回忆自己写的祝福语。明确本节学习目标	1. 重温贺卡，营造父亲节的氛围，重温对父亲的爱。通过静态的贺卡与下面动态的贺卡形成的鲜明对比，突出动画贺卡的特点。 2. 通过视频和祝福语签名，对学生进行感恩教育。营造良好的学习氛围，为后面制作感恩父亲贺卡做准备。 3. 明确学习目标，强化学生的课堂学习目标意识

教学环节	教师活动	时间	学生活动	设计意图
创设情境	3. 在每个人的记忆里，总有父亲做过的最令你感动的事，从同学们感恩父亲的祝福语中就能看得出来。 4. 展示学生的感恩父亲祝福卡。"同学们，你想不想把你的祝福语变成动感十足的文字？" 5. 明确本节学习目标			
任务驱动	1. 播放三组贺卡模板的动画效果。 贺卡模板1　贺卡模板2　贺卡模板3 2. 进入学习网站的"自主探究"栏目，完成活动一。 （1）学生以小组为单位，选择贺卡模板。 （2）点击所用模板文字图层中的第1帧，让学生把写给父亲的祝福语用文本工具写出来，并调整文本位置和文本属性。 ▲激励机制：在规定时间内，如果整个小组都已完成任务，每人将得到2分奖励。鼓励学生互相帮助，主动请教	2分钟	1. 欣赏三组贺卡模板内容，小组讨论确定选用模板。 2. 下载相对应的模板文件。打开，在文字图层第1帧中输入自己的祝福语	1. 设计三组不同风格的贺卡模板是为了提高学生学习自主性。 2. 以小组为单位，是为了发挥小组互帮互助的作用，以利于学生互相交流。 3. 通过激励机制，可以有效提高学生的小组合作意识和培养良好的习惯
自主探究	1. 进入学习网站的"自主探究"栏目，点击"活动二"，观看动画效果。 2. 提问：这个动画中的文字发生了什么变化？ 3. 介绍动画制作技巧：利用动画规划表帮助实现动画。	3分钟	1. 观察动画效果，分析动画规划表内容，尝试回答问题。 2. 了解动画规划表的作用。	1. 通过案例分析，引导学生掌握利用动画规划表实现动画效果的方法。 2. 通过提问，启发学生思考动画规划表与动画效果之间的关系。

教学环节	教师活动	时间	学生活动	设计意图
自主探究	 4. 播放视频教程："制作文字进入动作补间动画"。（制作文字补间动画四步法） 5. 在开始帧输入文字，转换文字为图形元件；或者在开始帧位置插入关键帧。 （1）在结束帧位置插入关键帧。 （2）改变开始帧或者结束帧元件属性。 （3）创建补间动画		3. 观看"制作文字进入动作补间动画"的视频教程	3. 通过课前录制的视频教程，分步讲解制作过程。这样的设计可使学生更容易理解和掌握知识，降低学习的难度，也利于有困难的学生重复观看学习
任务驱动	1. 进入学习网站中的"基础任务"栏目，明确基础任务：制作文字进入动作补间动画。 （1）为亲自写的父亲节祝福语制作文字进入动作补间动画。 （2）可自主设计元件的大小、位置、透明度、颜色等属性，设计个性文字进入效果。 2. 学生完成基础任务。 网站提供了任务说明、范例分析、参考操作步骤和参考视频教程。 ▲ 激励机制：整个小组成员都完成任务，将得到3分奖励；互相帮助可获得1~3分奖励。 3. 点播、点评学生作品	2分钟	1. 明确基础任务。 2. 完成基础任务：制作文字进入动作补间动画。 3. 欣赏被点评同学的作品，对比自己作品	1. 为学生提供了范例分析、视频教程等多方位学习资料，满足不同层次学生的学习需求，使学生能更高效地完成基础任务。 2. 通过激励机制，及时进行小组加分，激励学生养成良好的小组合作习惯、互帮互助习惯。 3. 通过点评学生作品的方式，加深学生对知识的理解

教学环节	教师活动	时间	学生活动	设计意图
自主探究	1. 进入学习网站"知识讲解"栏目，介绍： （1）补间动画的定义。 （2）补间动画的特征。 （3）制作动作补间动画的操作步骤。 2. 进入学习网站的"自主探究"栏目的活动三，进行"文字退出补间动画"分析，完成动画规划表。 3. 讲解答案	3分钟	1. 自学"知识讲解"栏目内容。 2. 进入"自主探究"活动三，观看动画效果，完成动画规划表。 3. 查看答案，如有错误，请小组成员帮助或向老师请教	1. 介绍补间动画的相关知识，梳理学生的知识点，形成知识系统。 2. 通过让学生自主探究活动三的内容，提高学生的归纳总结能力、推理应用能力
任务驱动	1. 进入学习网站中的"进阶任务"栏目，完成进阶任务：制作文字退出补间动画。（2分钟） （1）在完成基础任务的基础上，为自己写给父亲的祝福语制作文字退出动作补间动画。 （2）可自主设计元件的大小、位置、透明度、颜色等属性，设计个性文字退出效果。 ▲激励机制：在规定时间内，如果整个小组都已完成任务，每人将得到3分奖励。鼓励学生互相帮助，主动请教。 2. 学生上台示范制作，台下同学上台帮助，教师点评。 ▲激励机制：上台示范学生加3分，上台帮助学生加2分，累加到小组总分中。 3. 小结：制作文字补间动画的操作步骤。	5分钟	1. 明确进阶任务内容。 2. 完成进阶任务：制作文字退出动作补间动画。 3. 观看上台示范的同学操作，尝试找出其错误并上台修改，争取得到加分奖励。	1. 进阶任务与基础任务合起来形成文字的整体动画效果，也是学生在下一阶段深入学习的案例。 2. 进阶任务中涉及的动作类型与基础任务的不一样，从更多角度展示了文字动画效果，为学生进行个性创作提供了参考案例。

续 表

教学环节	教师活动	时间	学生活动	设计意图
任务驱动	4. 进入学习网站的"作品欣赏"栏目，欣赏三个动画。作品1　作品2　作品3 5. 进入学习网站中"挑战任务"栏目，明确挑战任务：制作多句文字补间动画。 （1）挑战1。对第50帧的文字分别设计进入与退出动作补间动画。要求：不更改开始帧所在位置，结束帧不超过邻近的空白关键帧；可更改文字内容或不改。 （2）挑战2。有能力的学生在完成第50帧文字动画后，可尝试制作后续文字的动画效果。 ◆激励机制：按作品难度来计算得分。每完成一种文字补间动画获得2分。 6. 教师巡视、指导、调控课堂秩序，及时记录并表扬学生在学习、创作过程中的亮点	10分钟	4. 从文字动画效果角度欣赏三个动画作品。 5. 明确挑战任务内容和要求。 6. 完成挑战任务。 7. 与同小组成员讨论、交流	3. 通过设计三个不同风格的例子，让学生欣赏作品中文字动画效果，同时进行对比、思考。 4. 设计两个挑战任务满足不同层次学生需求，更好地激发学生的创作欲望。 5. 为学生提供范例分析、视频教程等多方位学习资料，使学生能更高效地完成挑战任务
交流评价	1. 以主题学习网站的"交流评价"栏目为平台。 （1）展示有代表性的小组作品，教师点评。 （2）展示作品评价量规、说明网络评价操作要求，引导学生欣赏作品并公平公正地在网络平台上进行互评。 （3）小结学生自评、互评的情况，展示学生自评、互评的例子，并做出指导。	6分钟	1. 听老师的点评，欣赏和评价同学的作品。同时反思自己的制作过程，进一步提高自己制作引导层动画的水平。	1. 教师通过点评的方式让学生及时得到反馈信息。老师在表扬学生闪光点的同时，也要指出学生学习中存在的普遍问题。

教学环节	教师活动	时间	学生活动	设计意图
交流评价	2. 按小组总分，由高到低，评出课堂表现优秀小组（前三名）。 ◆激励机制：掌声鼓励优秀小组		2. 明确作品评价量规，并开始进行网上自评、互评活动。 3. 阅读别人对自己的评价意见。 4. 渴望本小组成为优秀小组	2. 学生在欣赏和评价同伴作品的同时反思自己的作品，进一步提高自己制作文字动作补间动画的水平。 3. 通过评选优秀小组的形式，强化学生互帮互助的意识和习惯
总结拓展	1. 回顾本节课知识：补间动画的定义、补间动画的特征、制作补间动画的步骤、动画规划表的作用。 2. 学生完成网上自测题：5道题。 3. 展示其他文字特效例子。 4. 播放视频"爸爸的肩头"。 5. 课外作业：周末给父亲倒一杯茶，一起欣赏自己制作的感恩父亲动画贺卡	6分钟	1. 回顾本节课的知识内容。 2. 完成网上的自测题，检查自己对知识的掌握情况。 3. 认识其他更高水平的引导层动画	1. 总结本节课的知识内容，帮助学生构建文字动作补间动画制作的知识体系。 2. 通过网络测试平台，快捷反馈学生的掌握情况，帮助学生进行知识体系的构建。 3. 通过拓展作品，引导学生在课外继续关注引导层动画制作的技巧。 4. 通过播放沙画视频后半部分内容和布置课外作业，对学生进行感恩教育

十、教学评价

在教学过程中，设置了学生自评互评、教师点评等多种评价方式，在学习网站的"交流评价"栏目中设置了进行评价、查看评价、管理评价等功能（见表2-5）。

表2-5 "父亲节动态贺卡"作品评价标准

评价标准		评价指标
作品评价	思想性	祝福语能充分表达自己对父亲的感恩之情
	技术性	动画运行顺畅，没有错误
		能合理设计文字进入、退出动画效果
		能结合主题意图，设计多层文字动画
	艺术性	动画整体效果好、有艺术感染力
	创造性	能创作出有个性的文字动态效果
该作品的优点		
作品的不足之处及改进方法		
该小组值得你借鉴学习的地方		

十一、课堂检测题

单项选择题(每题20分，共100分)

1. 制作文字动作补间动画时，需要把舞台上的对象转换为（ ）。

A. 元件　　　　　　　　　　B. 动画

C. 文字　　　　　　　　　　D. 图形

2. 在Flash中，插入关键帧的作用是（ ）。

A. 清除该帧前面的所有帧

B. 插入一个空的画面

C. 复制该帧前面的关键帧

D. 起到延续的作用

3. 动作补间动画建立后，时间帧面板的背景色变为（ ）。

A. 淡蓝色　　　　　　　　　B. 淡黄色

C. 淡绿色　　　　　　　　　D. 淡紫色

4. 动作补间动画建立后，在起始帧和结束帧之间有一条长长的（ ）。

A. 线段　　　　　　　　　　B. 箭头

C. 直线　　　　　　　　　　D. 虚线

5. 小张在第1帧插入一个文字元件，将元件移到舞台左侧；在第20帧插入关键帧，将元件移到舞台的右侧，然后创建补间动画。请问，小张当初设计的动画规划表的内容是（　　　　）。

图层名称	开始帧位置	结束帧位置	动作类型
文字			

A. 20、1、位置：从左到右

B. 20、1、位置：从右到左

C. 1、20、位置：从右到左

D. 1、20、位置：从左到右

十二、教学反思

1. 本课以"父亲节"作为主题，联合班主任共同推出感恩活动，让学生在感恩卡上写下自己的祝福语，在课堂上实现动态文字动画效果。最后将本课的学生作品与班主任共享，与家长共享，成功地进行了一次感恩教育。

2. 采用了以学生的学习和发展为中心的任务驱动教学、启发式教学、示范教学、分层教学、主题式教学等教学方法，引导学生掌握文字补间动画制作的相关知识。

3. 设计三组不同风格的贺卡模板是为了提高学生学习自主性，营造由浅入深、环环相扣的主题式学习情境，有效激发学生学习积极性。

4. 围绕着教学主题及教学环节，精心准备了提供丰富资源的学习网站与自主探究素材，打造自主学习平台，提高课堂教学效率。

5. 整节课的教学流程紧密，学生自主探究时间充足，充分体现了以教师为主导、学生自主学习的教学理念，使学生真正成为学习的主人。

6. 教学效果明显，100％的学生完成了"基础任务"，90％以上的学生能创造性地完成"进阶任务"，62%的学生能制作出具有特色的文字动画作品。

"动感文字——动作补间动画的制作"学习网站界面如图2-2所示。

图2-2　"动感文字——动作补间动画的制作"学习网站界面

课例"点石成金——动画的构思与制作"

一、学情分析

本课的授课对象为高一年级学生，他们在上两节的学习中已学过多媒体作品的图片的处理与合成、文本信息的选取与加工。高一学生在初中第二册中已简单学习过设置幻灯片的放映效果，但没能系统、深入地学习。由于间隔时间长，大部分学生已忘记了。此外，高一学生在逻辑推理、知识迁移、自学能力方面已达到较高的水平。

二、教材分析

这节的学习内容是粤教版《信息技术基础》第三章第三节中的"动画的构思与制作",前面两节介绍的是图片的处理与合成、文本信息的选取与加工;后面一节将要介绍作品的集成知识。"动画的构思与制作"是多媒体作品素材加工与处理方法中的一种,在作品的表达上具有动态呈现和多容量呈现的特点。因此,如何灵活构思动画来呈现内容,以达到更好的表现效果是这节课的教学难点,如何完成多媒体作品中的动画制作来表达作品则是本节课的教学重点。

本节课的作品如果能与下节课的教学内容相联系的话,学生对多媒体作品的制作流程将有一个整体的认识,因此,在设计学习任务时强调作品的统一性、延续性。此外,从动画类型这个角度看,除了要熟练掌握PowerPoint软件中的动画制作方法外,适当引导学生认识其他实现动画效果的制作方法也是必要的,可以为下学期的选修课做准备。

三、教学目标

1. 知识与技能

(1)了解PowerPoint中自定义动画的类型。

(2)熟练掌握设置PowerPoint中自定义动画的参数。

(3)能根据主题,针对不同对象特点,灵活构思动画,提高作品的表现力。

(4)初步了解除PowerPoint以外的其他动画制作软件。

2. 过程与方法

(1)掌握PowerPoint中针对不同对象类型的动画制作方法。

(2)掌握分析作品中对象动画效果的方法。

(3)亲历和感受动画的表现力,并能对简单的动画作品进行分析。

3. 情感态度与价值观

(1)引导学生关注动画技术的应用与发展,进一步提高学生的创新精神。

(2)培养学生学以致用、互帮互助、合作探究的意识。

四、教学重点

熟练掌握PowerPoint中自定义动画参数的设置。

五、教学难点

能根据主题，针对不同对象特点，灵活构思动画，提高作品的表现力。

六、教学策略

本课以"猜猜我是谁"为例子，将"自定义路径轨迹"类型的动画设置融入主题中，遵循由浅入深、层层推进、循循善诱等教学原则，设计了"自我介绍""繁星""静夜思""孙中山"等主题，构思了"猜一猜""学一学""赏一赏""试一试"等教学环节。

七、教学过程（见表2-6）

表2-6　教学过程概述

教学环节	教师活动	时间	学生活动	设计意图
课前准备	学生做好自我介绍的准备		用简洁的文字描述自己	培养学生关注自己、反思自己的意识，提高学生的语言提炼水平
以情引趣	以学习网站的"导入"为平台。 播放作品"猜猜我是谁" 	2分钟	通过观看与对比，思考问题，初步了解自定义动画的类型及设置方法	作品"猜猜我是谁"将"自定义路径轨迹"动画类型和"进入"动画类型的动画设置步骤贯穿其中，让学生在开心的学习氛围中掌握知识
知识讲解	1. 示范小鸟飞起来的设置过程、文字的动画设置过程，并测试动画。 2. 猜一猜游戏： （1）将作品"猜猜我是谁"改为描述自己的特征。	6分钟	1. 模仿小鸟飞起来的动画设置过程，尝试让标题动起来。	1. 通过互猜游戏，激发学生的学习兴趣，营造快乐的学习氛围。

教学环节	教师活动	时间	学生活动	设计意图
知识讲解	（2）设置动作路径动画效果让小鸟飞起来，让标题动起来。 （3）设置"进入"类动画效果，让文字动起来。 （4）将作品发给任意一位同学，让他来猜；收到作品的同学猜测，并去问发作品的同学以验证答案。 3.展示有代表性作品，让全班学生一起欣赏作品，同时猜谜底。 4.提出思考：能否让小鸟与标题同时动起来？能否不用按鼠标让作品自动播放动画？提示学生在动画参数上找答案，鼓励学生组内交流与分享。 5.示范操作并小结：介绍动画的类型、动画的参数、动画的顺序		2.尝试让文字动起来。 3.欣赏同学的作品，同时猜测谜底。在快乐的氛围中加深对自定义动画设置的理解。 4.思考老师提出的问题，并尝试找出答案。 5.与同学互相交流并对比动画效果	2.通过作品展示，肯定学生的创作，激发学生的创作热情。 3.通过提问引导学生更深层次地思考动画的参数。对比动画效果，进一步完善作品。 4.以作品"猜猜我是谁"为例，系统学习动画的基本知识，初步掌握设置动画的方法
自主探究	以学习网站的"知识讲解"为平台。 1.演示作品"自我介绍"。 2.思考问题： （1）为什么一开始只有一段文字？请你给这段文字设置"进入"动画效果。 （2）文字"我喜欢的一段话"与文字"我最近喜欢的一首诗"之间存在重叠的情	8分钟	1.欣赏作品"自我介绍"。 2.了解动画播放顺序的类型。 3.思考老师提出的问题并尝试自主探究，或与同学交流共同解决这些问题。 4.欣赏并分析作品"繁星"，模仿并运用所理解的知识修改作品的动画效果。	1.将进入类、退出类、强调类动画类型融入作品"自我介绍"中，更好地营造学生自主探究的环境。 2.通过由浅入深的设问，启发并引导学生进一步思考动画类型，深入掌握设置动画参数的技巧与方法。

教学环节	教师活动	时间	学生活动	设计意图
自主探究	况，如何处理？浏览作品"繁星"，对作品"自我介绍"进行修改。 （3）有能力的学生欣赏作品"静夜思"，并尝试为文字"我最近喜欢的一首诗"添加增强动画效果。 3. 学生自主探究、互相交流，思考问题，尝试解决问题。 4. 教师示范操作		5. 欣赏作品"静夜思"，系统认识动画的类型、动画的参数、动画的顺序、动画的构思和制作方法	3. 设计提问、交流、示范等环节，激发学生自主探究的意识。 4. 设计作品欣赏环节，进行学生模仿能力的训练及知识转移能力的训练，为后面的自主探究进行热身
作品欣赏	以学习网站的"任务引领"为平台。 1. 作品"繁星" ◆欣赏作品"繁星"的制作过程视频。 ◆思考：作品使用了哪一种进入类动画效果？动画效果的参数如何设置？ ◆思考：作品使用了哪一种退出类动画效果？动画效果的参数如何设置？ ◆下载作品"繁星"的PPT文件，查看里面的动画参数。 《繁星》 冰心 一 2. 作品"静夜思" ◆欣赏作品"静夜思"的制作过程视频。 ◆思考：作品使用了哪一类动画效果？动画设置参数是什么？	5分钟	1. 欣赏作品"繁星"。 2. 思考老师提出的问题并尝试寻找答案。 3. 查看作品"繁星"动画设置的痕迹，尝试还原作品动画的构思。 4. 欣赏作品"静夜思"。 5. 思考老师提出的问题并尝试寻找答案。	1. 提供两个更高难度水平的动画制作作品，让学生在原有的认识水平上再上一层楼。 2. 通过提出思考问题，引导学生从更高的层次认识动画效果的构思过程。 3. 提供作品的PPT文件，让学生通过对比效果，还原作品中动画制作过程，理解作者当初的动画构思。 4. 提供作品制作视频文件，让学生清晰明了地掌握作者当初的制作步骤，加强学以致用的能力训练。 5. 设计作品欣赏环节，让学得快的学生与学得慢的学生在这个缓冲区中得

续 表

教学环节	教师活动	时间	学生活动	设计意图
作品欣赏	◆下载作品"静夜思"的PPT文件，查看里面的动画参数 		6.查看作品"静夜思"动画设置的痕迹，尝试还原作品的动画构思	到各自的发展，较好地协调不同层次学生的学习节奏。让能力弱的学生有继续完成练习的时间保证；能力强的学生能在完成练习的基础上进一步提高动画制作水平
合作探究	以学习网站的"任务引领""视频教程"为平台。 1.基础任务：以小组为单位，让学生制作作品"我们小组这些人"。 要求： ◆小组通过讨论确定背景图，并统一作品的背景图。 ◆浏览老师提供的作品"自我介绍"的制作视频。 ◆自主设计"自我介绍"的文字内容、图片对象。 ◆自主构思与制作各类对象的动画效果。 ◆以"笔者名字+自我介绍"为文件名，通过教学平台的"上交作业"栏目交到小组长的"我们小组这些人"文件夹中。 ◆下载素材：制作素材.zip。 2.进阶任务：让学生在"自我介绍"作品中增加"笔画"动画效果。 ◆设计两张以上的自我介绍幻灯片。	15分钟	1.小组讨论、确定作品的背景图，并统一使用一个背景图。 2.参考老师提供的作品"自我介绍"的制作视频。 3.下载制作素材，制作"自我介绍"的文字内容、插图。 4.自主构思与制作图片对象、文字对象的动画效果。 5.上交基础任务作品。	1.设置分层任务满足不同层次学生的学习需求。 2.讲解作品"自我介绍"环节及作品欣赏环节，从不同层次为学生完成基础任务建立很好的创作环境。 3.设置小组合作式任务，培养学生小组合作交流与互帮互助的意识。 4.通过统一作品背景要求，加强学生少数服从多数的集体观念，为后面要学习的"作品集成"知识内容提供制作素材。

教学环节	教师活动	时间	学生活动	设计意图
合作探究	◆为每张幻灯片合理构思与制作进入类、增强类、退出类、动作路径类动画效果。 ◆以"笔者名字+自我介绍2"为文件名，通过教学平台的"上交作业"栏目交到本小组组长的"我们小组这些人"文件夹中。 3. 激励机制：最快完成作品的小组为最佳合作小组，小组成员每人加2分。 4. 教师巡视、指导、调控课堂秩序，及时记录并表扬学生在学习、创作过程中的亮点		6. 有能力的同学设计两张自我介绍幻灯片，合理构思与制作进入类、增强类、退出类、动作路径类动画效果。 7. 上交进阶任务作品。 8. 寻求小组帮助，提高完成作品的效率与质量	5. 自主构思与制作图片对象、文字对象的动画效果的设计，让学生在统一和个性发展两个方面均得到锻炼。 6. 通过教学平台提供的"知识讲解""任务引领""视频教程"栏目，学生可以自主地进行知识探究、合作交流、模仿创作。 7. 通过激励机制，促进学生的小组合作与交流意识
交流评价	以学习网站的"交流评价"为平台。 1. 介绍作品评价量规。 2. 展示作品并点评作品。 3. 让学生浏览作品并通过"交流论坛"窗口进行互评。 4. 让学生通过网络"投票系统"，结合老师的判断，共同选出最佳作品小组，小组成员每人加3分	7分钟	1. 明确作品评价量规。 2. 通过听老师的点评，欣赏和评价同学的作品，进一步提高自己的动画构思与制作水平。 3. 投票选出最佳作品小组	1. 通过教师点评的方式及时反馈教学情况，及时表扬学生的闪光点，同时指出学生学习中存在的普遍问题。 2. 在欣赏和评价学生作品的同时进一步提高学生的动画构思与制作水平。 3. 让学生通过投票系统，结合老师的判断，公平选出最佳作品小组

续 表

教学环节	教师活动	时间	学生活动	设计意图
总结拓展	以学习网站的"拓展延伸"为平台。 1. 总结本节课的知识内容。 2. 介绍作品：嵌套Flash动画的多媒体作品"孙中山"。 3. 简单介绍其他动画制作软件	2分钟	1. 回顾本节课的知识内容。 2. 欣赏作品"孙中山"。 3. 认识其他动画制作软件	1. 总结本节课的知识内容，帮助学生构建动画制作的知识体系。 2. 作品"孙中山"中嵌入了Flash动画，以此作品引导学生关注除PowerPoint软件外的其他常用动画制作软件

八、教学评价

"投票系统"提供了自由投票的功能，学生可以选出自己最欣赏的作品。通过此学习网站，学生与教师都可以进行实时评价并及时得到反馈信息，充分发挥评价的作用。作品评价的标准见表2-7，学习网站界面如图2-3所示。

表2-7　作品评价的标准

评价标准		评价指标
作品评价	技术性	了解动画产生的原理
		了解动画的类型及动画效果参数
		熟练掌握设置预设动画和自定义动画的方法
	艺术性	作品的图像与文字设计合理、美观
		合理构思对象的动画效果
		合理选择背景图像，反映出小组成员一定的审美能力
	创造性	能灵活创造作品的内容
		能独出心裁构思动画，提高作品的表现力
小组协作 组内积极配合，互相交流、互相探讨，有互帮互助意识		能公平、公正地评价同学的作品
该作品的优点		
作品的不足之处及改进方法		
该小组值得你借鉴学习的地方		

图2-3 "点石成金——动画的构思与制作"学习网站界面

课例"我心飞翔——引导层动画制作教学设计"

一、教材分析

本课的学习内容是粤教版《多媒体技术应用》第五章第二节的内容"引导层动画"。之前学生已经熟悉帧和层的概念，初步掌握了Flash逐帧动画、形状补间动画、动作补间动画的一般制作过程。引导层动画是一个更高层次的特效制作内容，是Flash动画制作的重要内容，本节课的学习内容对学生学习下一节课的遮罩动画起到重要的知识迁移作用。因此，本节课的教学重点应该是了解引导层动画的组成，掌握制作引导层动画的操作步骤。而引导线的设计是引导层动画的灵魂，引导层制作正确与否决定着引导层动画是否成功。因此，本节课的教学难点应该是了解引导线的特点，掌握引导层动画制作的技巧。

二、学情分析

本课的授课对象为高二年级学生，学生前面已学习过图形的直线运动动画、变形动画，学生对动画制作已经产生浓厚兴趣，他们会急于一显身手而弱化对动画产生原理的认识与理解。经调查，绝大部分学生只是初次接触Flash，对Flash工具的认识及运用能力还不够强。此外，高二学生在逻辑推理、知识迁移、自学能力方面均已达到较高的水平。

三、教学目标

1. 知识与技能

（1）了解引导层动画的定义和组成。

（2）掌握制作引导层动画的操作步骤。

（3）了解引导线的特点。

2. 过程与方法

（1）掌握制作引导层动画的基本方法。

（2）通过亲历和感受引导层动画的制作过程，提高综合运用能力。

（3）初步掌握评价引导层动画作品的方法。

3. 情感态度与价值观

（1）引导学生关注国家大事，热爱祖国。

（2）培养学生创造能力，提高学生的合作意识。

四、教学重点

（1）了解引导层动画的组成。

（2）掌握制作引导层动画的操作步骤。

五、教学难点

（1）了解引导线的特点。

（2）掌握引导层动画制作的技巧。

六、教学过程（见表2-8）

表2-8　教学过程概述

教学环节	教师活动	时间	学生活动	设计意图
课前准备	每组学生桌面上有一只纸飞机，让学生课间玩扔纸飞机的儿时游戏		互扔纸飞机	增加课间乐趣，创设开心、快乐的学习氛围
创设游戏	1. 玩扔纸飞机接龙游戏：学生互扔纸飞机。2. 请学生互相合作将所有纸飞机扔到讲台上的纸箱里	2分钟	通过扔纸飞机游戏，观察和思考问题，初步接触"轨迹"这个概念	扔纸飞机游戏里包含了轨迹动画的要素：起始帧、运动路线、终止帧。此外，通过游戏可以加强学生之间的合作意识
讲授新知	1. 展示动画："扔纸飞机1"和"扔纸飞机2"。2. 提问、思考：这两个动画哪个更逼真？为什么？3. 明确本节的学习目标及学习环节。4. 讲授新知：引导层动画的定义和组成，引导层的内容、作用、特征。5. 播放操作视频，明确制作引导层动画的一般步骤。	5分钟	1. 对比两个扔纸飞机的动画，回忆刚才的游戏。2. 倾听老师的讲解、观察制作步骤。3. 初步理解引导层的概念和制作方法	1. 通过对比两个扔纸飞机的动画，引导学生回忆刚才的游戏。搭建循序渐进的学习梯度，让学生更容易理解引导层动画的相关概念。2. 通过提问，引导学生进行更深层次的思考。3. 通过知识讲解、播放操作视频的方式，带领学生进入引导层动画制作世界。在之前活动的铺垫下，激发学生学习的热情。4. 将引导层动画制作的过程细分为四小步，概括为一句话。降低学习难度，使全体学生能快速地掌握操作要领

续 表

教学环节	教师活动	时间	学生活动	设计意图
讲授新知	6. 引导层动画制作四步法： （1）完成被引导层的动作补间动画（一般为位置移动）。 （2）在被引导层上方"添加引导层"，在引导层中绘制引导线。 （3）设置被引导层中起始帧和结束帧的动画对象。 （4）保存文件，测试、调整后，再保存			
协作探究	1. 基础练习任务：制作"纸飞机"引导层动画。 ▲激励机制：最快完成的前三个小组每人加3分，其他小组每人加2分。 ▲帮助锦囊：学生可通过阅读学习网站的"探究活动""知识讲解"栏目内容，观看分步视频教程，与小组成员交流，向老师请教等方式寻求帮助。 2. 检查学生的完成情况，通报完成得最快的三个小组，并为他们加分。 3. 请未完成练习任务的学生举手，展示其文件。请其他学生当"小老师"，进行现场帮助，指出其错误的地方，并示范正确的操作过程。其他学生一起观察，检查"小老师"的操作是否正确。 激励机制：帮助他人的学生每人加1~3分	8分钟	1. 明确练习任务的要求，尝试自主探究。 2. 使用老师提供的帮助锦囊。 3. 与同学互相交流并对比动画效果。再次对引导层动画进行深入思考与探究。 4. 在检查环节，关注小组获得加分的情况，反思自己小组的合作水平。 5. 在帮助其他同学修改错误的同时，观察"小老师"的操作是否正确，并随时准备当"小老师"	1. 充分发挥网络教学平台的作用，为学生提供多样的帮助锦囊。 2. 按照制作引导层动画的步骤，将视频教程进行分割并提供文字解说。这种设计更有利于满足学生的实际操作需求。学生可以快速地得到所需的视频帮助，提高学习效率。 3. 通过激励机制，实事求是地展示小组完成情况，并及时进行小组加分。 4. 展示学生完成练习任务的情况，让学生当"小老师"帮助有困难的学生。既培养了学生的互助精神，又巩固了学生对知识的理解

教学环节	教师活动	时间	学生活动	设计意图
知识碰撞	1. 改错竞赛：分别打开错误案例源文件三个，让学生观察并开始抢答。之后让学生上台进行纠错修改。如果该生没有完全改对，请另一位学生上台补充修改。 （1）第一个问题是结束帧的对象中心点没有吸附到引导线的终点。 （2）第二个问题是引导线不连续，出现断点。 （3）第三个问题是引导线如果是闭合的，动画对象将选择最短路径做运动。 激励机制：答对的学生加2分。 2. 归纳总结：引导线的特点。 （1）引导线在动画发布的时候是看不见的，所以引导线的颜色、粗细与动画效果无关。	5分钟	1. 集中精神，观察并思考改错题，尝试找出案例中存在的错误并思考修改方法。 2. 对比三个例子和之前完成的练习任务，归纳总结出引导线的特点	1. 设计改错竞赛环节的目的是深化学生对引导层动画制作的理解。 2. 改错竞赛的三个作品是学生常错的例子，同时也隐含了引导线的特点。设计这三个例子具有一箭双雕的作用。 3. 让学生上台进行改错操作能更好地检测学生的实际操作能力，同时台下的学生也能高度集中精神来观察与思考，更好地加深学生对引导层动画制作相关知识的记忆与理解。 4. 引导学生回顾刚才探究的练习操作和改错竞赛，归纳和总结引导线的四大特点

教学环节	教师活动	时间	学生活动	设计意图
知识碰撞	（2）一个引导层只放置一条引导线，起点和终点之间的线条必须是连续的，不能间断。 （3）引导线若闭合，动画对象将选择最短路径做运动。 （4）引导线允许重叠，如螺旋状引导线，但在重叠处的线段必须保持圆润			
作品赏析	以学习网站的"知识讲解""作品欣赏"为平台。 1. 展示珠海航展图片，培养学生的爱国情怀和关心国家大事的意识。 2. 欣赏作品：引导层动画文件1~3。 （1）欣赏作品1：单架飞机，一条螺旋状引导线。 （2）欣赏作品2：两架飞机，两条不同的引导线。 （3）欣赏作品3：三架飞机，同一条引导线。 	4分钟	1. 欣赏珠海航展的精彩图片。 2. 欣赏三个引导层动画。 3. 思考老师提出的问题，并尝试回答问题。 4. 在老师的引导下，在欣赏引导层动画的同时，思考老师的提问。 5. 在空中画出引导线的形状。	1. 通过展示珠海航展的精彩图片，培养学生关心国家大事的意识及爱国情怀。图片中的飞机轨迹对学生在后面开展作品创作起到了很好的示范作用。 2. 设计三个不同风格的例子，让学生在欣赏作品的同时进行对比、思考。 3. 通过设问、空中画线的方式，启发学生进一步思考制作引导层动画的技巧。

续　表

教学环节	教师活动	时间	学生活动	设计意图
作品赏析	3. 知识点拨：引导学生观察三个动画作品。提问：作品中有多少个引导层？引导线是什么轨迹？请学生用手在空中画出轨迹。引导线有何特点？ 分析作品：打开三个动画文件，就每个作品的特点进行讲解		6. 打开三个引导层动画文件，分析、思考制作引导层动画的技巧	4. 这三个例子中包含单架、两架、三架飞机由简单到复杂的不同难度的引导层动画例子，也包含了一条引导线、两条引导线、同一条引导线限制多架飞机等不同类型的引导层动画例子。这些技巧的设计为学生下一步进行作品创作起到了很好的示范作用
合作探究	以学习网站的"任务引领""视频教程"为平台。 1. 主题：引导层动画"飞行表演"。 2. 方式：以小组为单位，小组合作完成任务。 3. 要求： （1）小组讨论确定并统一使用相同的背景图、确定每人所驾驶的飞机机型。 （2）确定小组内成员飞行表演动画出场顺序。 4. 任务： ●基础任务：修改"欣赏作品1"的背景图、飞机机型，重新设计引导线，制作出只有一个引导层的动画。 ●进阶任务：修改"欣赏作品2"的背景图、飞机机型，重新设计出两条不同形状的引导线，制作出两个引导层的动画。	12分钟	1. 小组讨论、确定作品的背景图、飞机机型、动画出场顺序。 2. 参考老师之前提供的三个欣赏例子，确定动画难度和引导线的轨迹方案。 3. 下载制作素材并开始制作"飞行表演"作品。 4. 与同一小组同学互相交流、探讨，修改并完善动画效果。 5. 有能力的同学逐步设计高难度的动画效果。 6. 上传作品并欣赏同小组同学的作品	1. 通过统一作品背景、选择不同机型，创设学生小组合作的氛围，培养学生小组合作交流与互帮互助的能力。 2. 所有学生的作品合起来就是整个小组的成品，这种设计将小组统一发展与学生个性发展两个方面有机地结合起来，学生的合作能力与创作能力均得到了很好的锻炼。 3. 设置分层任务满足不同层次学生的学习需求。 4. 通过教学平台提供的"知识讲解""任务引领""视频教程"栏目，为学生提供创作的平台和空间，激发学生的创作能力。

教学环节	教师活动	时间	学生活动	设计意图
合作探究	●挑战任务：修改"欣赏作品3"的背景图、飞机机型，重新设计引导线形状，制作出有三个引导层的动画。 5. 上交作品：以"组号+出场号+笔者姓名"为文件名，如"13李玉"。将fla文件和swf文件同时上传至服务器上（上交到各组文件夹内）。 ◆素材：欣赏动画源文件1~3、背景素材、飞机素材、飞行表演图片。 ◆激励机制：最快完成作品的前三个小组每人加3分；其他完成作品的小组每人加2分			5. 学生可以自主地进行知识探究、创作、交流等活动，有效地提高了课堂效率。 6. 通过激励机制，提高学生小组内互帮互助的能力，提高了学生的交流能力、表达能力
交流评价	以学习网站的"交流评价"为平台。 1. 教师点评学生部分作品。 2. 展示作品评价量规，引导学生在网络平台上进行自评、互评。 ◆激励机制：掌声鼓励，被点评的小组每人加3分；完成质量好，被老师表扬的小组每人再加2分	5分钟	1. 欣赏和评价作品的同时反思自己的学习过程。 2. 进行网上自评、互评活动，查阅他人对自己的评价意见与建议	通过评价的方式让学生及时得到反馈信息，培养学生的反思能力
总结拓展	1. 回顾：引导层动画制作方法、引导层特征、引导线特点。 2. 学生完成网上自测题第10题。 3. 评出最优秀小组，按小组得分记录到学生课堂积分表上。 4. 展示更多高水平的引导层动画作品，激发学生深入学习的兴趣	4分钟	1. 回顾自己所学的知识。 2. 完成自测题。 3. 了解更多的引导层动画作品	1. 通过总结，帮助学生构建引导层动画制作的知识体系。 2. 通过网络测试平台，快速反馈学生的掌握情况，帮助学生建构知识体系。 3. 通过拓展作品，引导学生在课外继续关注引导层动画发展

"我心飞翔——引导层动画制作教学设计"学习网站界面如图2-4所示。

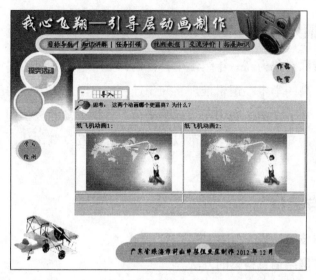

图2-4　"我心飞翔——引导层动画制作教学设计"学习网站界面

课例 "获取网络信息的策略与技巧"

一、教材分析

本课是粤教版《信息技术基础》第二章第二节的内容。第一节介绍了"获取信息的过程与方法"，本节与上一节的学习内容相连接，突出利用网络获取信息的策略与技巧。在网络成为人们获取信息的主要渠道的今天，学生必须掌握利用网络获取信息的方法，学习获取网络信息的策略与技巧。第一部分学习内容是"网络信息检索的方法"，与第一节内容"获取信息的过程与方法"相连接，突出了利用网络获取信息的方法。第二部分学习内容"使用搜索引擎"，也是检索方法之一。本部分是对"使用搜索引擎"这种检索方法进行重点学习。学生在日常生活中有使用搜索引擎的经历，但大多数学生仅仅掌握了使用搜索引擎的基本方法，并没有很好地理解不同搜索引擎的特点，因此本节课的难点是掌握搜索引擎的使用技巧，本节的重点是掌握获取网络信息的三种方法，掌握搜索引擎的两种搜索方法。

二、学情分析

本课的授课对象为高一年级学生，他们在上一节已学习了"获取信息的过程与方法"。高一学生在逻辑推理、知识迁移、自学能力方面均已达到较高的水平。因此，本节课尝试利用网络教学平台，提供丰富的教学例子、同步的视频操作、详细的知识讲解，学生可以及时在线提交及浏览作品，实现在自主探究中掌握知识。

三、教学目标

1. 知识与技能

（1）了解网络信息检索的方法。

（2）认识搜索引擎及其分类。

（3）掌握搜索引擎的搜索方法与使用技巧。

（4）能根据不同类型的内容，运用不同的搜索策略获得高效的检索结果。

2. 过程与方法

引导学生深入理解获取信息的相关内容，并能根据不同的下载内容选择合适的搜索策略。

3. 情感态度与价值观

（1）培养学生学以致用的意识。

（2）引导学生关注网上信息的产权，学会保护自己的权益。

（3）养成正确获取信息的习惯。

四、教学重点

（1）掌握获取网络信息的三种方法。

（2）掌握搜索引擎的两种搜索方法。

五、教学难点

掌握搜索引擎的使用技巧。

六、教学策略

本节课以网络教学平台呈现学习内容及学习任务，设置了"情境导入""知识讲解""自主探究""明确任务""总结拓展"等栏目。以电影《贫民窟的百万富翁》中的一个情境引入，提高学生搜索的效率意识，学会利用教学平台系统学习网络信息检索的方法及使用搜索引擎的技巧。本节由浅入深设置了三辆学习火车，使学生在完成学习任务的过程中掌握网络信息检索的方法，引导学生对使用搜索引擎的技巧进行深入的分析与归纳。

七、教学过程

（一）情境导入

1. 播放电影《贫民窟的百万富翁》中的一个情境，如图2-5所示，提问："你能在30秒内帮助杰玛找到答案吗？"

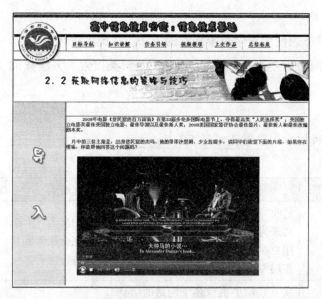

图2-5　情境导入截图

2. 学生积极寻找答案。

3. 提问个别学生："你的答案是什么？你输入什么关键词？"

（二）知识讲解

1. 网络信息检索的方法

（1）直接访问网页。

在日常生活中，我们经常去一些自己熟悉的网站查找自己想要的信息，如到新浪网去看新闻，到淘宝网去进行网上购物，到土豆网去查找视频等。

提问："你最熟悉的网址是什么？"

（2）展示在"中国国家图书馆"网站查询数据的视频。

提问："在日常生活中，你还有查询在线数据库的事例吗？"

（3）使用搜索引擎。

提问："常见的搜索引擎网站有哪些？"

2. 使用搜索引擎

（1）什么是搜索引擎。

（2）搜索引擎的分类。

练习：

（1）浏览下列使用搜索引擎检索的方法。（提供视频）

（2）分别使用"全文搜索"方法和"目录类搜索"方法查询"珠海"明天的天气情况。

小结：

（1）两种搜索引擎对比（见表2-9）。

表2-9　搜索引擎对比

搜索引擎类型	搜索方法	特点	代表
目录类搜索引擎	将收集并整理好的网站信息以分类目录的形式链接好，供用户检索。用户在查询信息时，可按分类目录逐层查找	检索的准确率比较高，完全依赖手工操作进行检索	Yahoo、新浪、搜狐
全文搜索引擎	从互联网中提取各个网站的信息（以网页文字为主），建立数据库。当用户在搜索框中输入关键词时，系统会自动在索引数据库中检索与用户查询条件相匹配的相关记录，并按一定的排列顺序返回结果	搜全率比较高，自动提取网站信息，自动检索	Google、百度

（2）搜索引擎的发展趋势：有相互融合渗透的趋势。

（三）自主探究

1. 使用教学网站自主学习搜索引擎的使用技巧。

2. 模仿完成练习例子，掌握使用搜索引擎的技巧。

3. 提炼关键词。

例1：某三年级小学生，想查一些关于时间的名人名言，他的查询词是"小学三年级关于时间的名人名言"。这个关键词是否合适？

（1）组合关键词。

例2：书页中条形码上方的字母"ISBN"表示什么意思？我们该如何确定关键词？

（2）附加逻辑命令。

例3："世界杯—赛程"。将只包含"世界杯"这个词而不包含"赛程"这个词的网页搜索出来。"世界杯 +赛程"。将同时包含"世界杯" 和"赛程"这两个词的网页搜索出来。

例4："建行龙卡收费"。将完全包含 "建行龙卡收费" 这个词的网页搜索出来。

"手机"。将包含有"手机"这个词的电影或电视剧的网页搜索出来。

（3）使用元词。

例5："intitle：超级女声"。搜索网页标题中带有"超级女声"的网页。

例6：天空网下载软件不错，可以这样查询——msn site：skycn.com。

例7：找关于Photoshop的使用技巧，可以这样查询——photoshop inurl：jiqiao。

例8：在搜索引擎中输入"东方之珠 filetype：lrc"，就可以查到歌曲《东方之珠》的歌词；在搜索引擎中输入"清华大学简介 filetype：doc "，就可以查到有关清华大学简介的Word文档。

（四）明确任务

以小组竞赛的方式找出下列题目的答案。抢答，答对了加一分。如果答错了，其他小组成员可以补答获取得分。最后，得分最高的小组拿到奖品。小组每个成员加分，如图2-6所示。

竞赛题1：同学问小张：斌——文武斌，下面加一个"贝"字，怎么读？
竞赛题2：下载电影《手机》，用哪一个关键词更合适？
竞赛题3：查找关于"中国节日"的幻灯片文件，用哪一个关键词更合适？
竞赛题4：查找歌曲《我的祖国》的歌词，用哪一个关键词更合适？
竞赛题5：在网上查找金庸写的小说《天龙八部》，想下载该文档，用哪一个关键词更合适？

图2-6 竞赛题呈现

（五）总结拓展
1. 归纳总结（如图2-7所示）

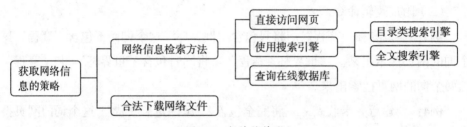

图2-7 归纳总结明细

2. 拓展内容：推荐与本节学习有关的网站
（1）学会使用Google、百度搜索引擎的帮助网页。
（2）《中文搜索引擎指南》《搜索引擎直通车》。

» 课例"算法与算法的描述" «

一、教学理念

本节课的教学设计充分体现了《普通高中信息技术课程标准》中的基本理念，注重教学过程中三维目标的渗透，采用以学生的学习和发展为中心，基于建构主义理论的任务驱动、情境教学、赏识教学等教学方法，突出自主、合作、探究等学习方法；强调信息技术课程与生活实际的联系，培养学生发现问题、分析问题和解决问题的能力；设置多种形式的评价方式，让学生在掌握学习内容的同时，提高交流与评价的能力。

二、教学分析

1. 教材分析

本节课的课程内容是《算法与程序设计》第一章第二节的内容，本节学习的目的和作用是让学生重温算法的概念，经历用算法描述方式、描述算法的过程，体验算法在用计算机解决问题中的地位和作用。本章是全书的开篇和概述，而本节内容是本章的重要环节，是对前一节学习计算机解决问题的过程的进一步理解，也为后续章节的学习和开展多元化交流与合作做好必要的知识与技能上的准备。

2. 学情分析

本节课的授课对象是高二年级学生。高二学生在高一数学课中已学习了算法、流程图等概念，并学习了辗转相除法、秦九韶算法、冒泡排序法等算法案例，初步经历了数学问题的算法分析、流程图的使用、程序的运行等过程，为本节课学习算法的概念、算法的描述等内容提供了基础。在前一节，学生已掌握问题分析、算法设计的概念，了解用计算机解决问题的步骤。此外，高二学生已具备了一定的逻辑思维和发现问题、分析问题、解决问题的能力。

三、教学目标

1. 知识与技能

（1）理解算法的概念。

（2）经历用自然语言、流程图、伪代码等方法描述算法的过程。

（3）体验在用计算机解决问题时，不同算法会产生不同的运行效果。

（4）能初步利用算法解决简单的问题。

2. 过程与方法

（1）能根据算法主题进行问题分析，选择适当的算法描述工具进行算法探究活动，并在探究过程中交流观点。

（2）在学习过程中，发现知识的规律、方法并把它运用到解决实际问题中去。

（3）通过对完成任务的过程和结果进行简单的评价，初步了解评价的基本思想、方法，并形成反思的意识。

3. 情感态度与价值观

（1）引导学生关注算法对生活的影响。

（2）培养学生运用计算机解决实际问题的意识。

（3）培养学生的合作意识、进取精神、审美情趣。

（4）引导学生以正确的价值观进行评价。

四、教学重点

经历用自然语言、流程图、伪代码等方法描述算法的过程。

五、教学难点

对算法概念的理解。

六、教学策略

创设情境→讲授新知→布置任务→探究协作→交流评价→拓展延伸。

七、教学方法

讲授法、演示法、任务驱动法、情境教学法、分层教学法、赏识教学法等。

八、学习方法

协作学习、自主学习、网络探究等。

九、教学资源

1. 硬件资源

多媒体网络教室、投影仪、音响设备等。

2. 软件资源

学习网站。

十、教学过程（见表2-10）

表2-10 教学过程概述

教学环节	教师活动	学生活动	设计意图
情境引入 （5分钟）	1. 复习数学课程里的算法概念，提出计算机应用角度的算法概念。 2. 开展游戏：教师从箱子里抽出一号码，让对应电脑座位号的学生上台玩"猜数"游戏，再由该学生抽出下一位同学上台"猜数"。设计了几个与算法概念有关的问题，提问并引导学生思考、回答、归纳。 （1）求解什么问题？ （2）要回答多少次才能有结果？回答次数固定吗？ （3）能否同时选择［Yes］和［No］？ （4）会不会没有结果输出？ 3. 展示生活中算法应用的照片，引导学生寻找生活中存在的算法应用例子，强化算法的概念	1. 通过观看幻灯片，回忆、思考。 2. 参与游戏，在游戏过程中了解算法的概念。 3. 开动脑筋，寻找生活中算法应用的例子，加深对算法概念的理解	1. 算法的概念比较抽象，难以理解，设计贴近生活的算法实例，学生会感到亲切；让学生亲自参与到游戏中去，能促进学生积极思考，更有利于加深学生对算法概念的理解。 2. 将知识点巧妙地融入游戏中，寓乐于教，能产生更好的教学效果。 3. 巧妙地提问，为下一环节的知识内容做准备。 4. 展示拍摄的照片，引导学生关注算法对生活的影响，促进学生学习的热情

续 表

教学环节	教师活动	学生活动	设计意图
创设情境 （5分钟）	1. 提问：若下一个班有60人，老师是不是要准备60张号码纸？有没有什么办法可以改进一下这个抽签形式，又不用浪费纸张？ 2. 展示已编制好的算法案例：随机数产生器。 3. 教师运行该游戏，并提出问题：在现实生活中，有没有应用产生随机数的算法案例？ 4. 向全体学生提出问题：老师是如何设计随机数产生数据的算法的？请尝试用自己的语言描述出来。 （1）问题分析 利用电脑随机函数，不停地产生一个随机数，并显示出来，直到按下〔Stop〕按钮。 （2）算法设计 ① x=产生一个1～53之间的随机数。 ② 输出x的值。 ③ 如果〔Stop〕按钮被选择，则跳到第⑤步。 ④ 跳到第①步。 ⑤ 结束	1. 思考问题，并尝试解决问题。 2. 在游戏中思考、交流、讨论，进一步理解算法的概念，体验算法的奥妙。 3. 初步经历用自然语言描述算法的过程	1. 引导学生对现实问题进行思考，培养学生运用计算机解决实际问题的意识。 2. 通过师生互动的游戏方式，引导学生体验算法在解决问题中的作用，同时经历用自然语言描述算法的过程，进一步加深对算法概念的理解。 3. 该游戏隐含了算法的概念、问题分析、算法描述方法等知识点

教学环节	教师活动	学生活动	设计意图
讲授新知布置任务（5分钟）	1. 介绍用自然语言工具、流程图工具描述随机数案例算法。 2. 介绍算法描述的三种工具。 3. 介绍学习网站的主要内容："情境导入""目标导航""案例分析"。 4. 布置学习任务。 （1）基础任务：让每一位同学从参考题目"（1）（2）"中任选一题独立完成，注意选择适当的算法描述工具进行算法设计。同学之间可互相交流、探讨。 （2）进阶任务：两人为一组，根据实际情况，从参考题目"（3）（4）（5）"三题中任选一题共同完成	1. 用自然语言工具、流程图工具描述随机数案例算法。 2. 认识学习网站，学习相关知识。 3. 完成基础任务、进阶任务	1. 引导学生寻找身边的算法案例，有助于培养学生运用计算机解决实际问题的意识，此外，也有助于培养学生关注科技对社会的影响，促进学生热爱学习的情感。 2. 通过小组合作完成任务的方式，培养学生的合作意识和互助精神。 3. 设计不同难度的任务，让学生有自主选择的空间，使不同层次的学生均学有所得
探究协作（18分钟）	1. 巡视学生学习情况。 2. 指导和帮助学生自主、协作学习。 3. 调控课堂气氛。 4. 参与到小组学习中，与学生一起探讨并记录相关情况。 5. 检查各小组任务完成情况	1. 根据任务需求，进行问题分析，并选择适当的算法描述工具进行算法探究活动。 2. 在探究过程中表达自己的思想、观点，学会与同学、老师交流经验，协作完成任务	1. 精心准备学习资源——学习网站，为学生自主、协作学习提供丰富多彩的学习平台，为学生自主、协作、探究学习营造良好的信息氛围，提供时间和空间支持。 2. 培养学生发现知识的规律、方法并把它运用到解决实际问题中去。 3. 在课堂上，通过师生之间、学生之间的协作、交流，培养学生的合作能力、与人沟通的能力

教学环节	教师活动	学生活动	设计意图
交流评价 （10分钟）	1. 展示作品评价表标准，引导学生参考作品评价表进行交流和评价。 2. 根据完成任务的实际情况，有代表性地选择部分学生上台展示作品并自评。 3. 引导台下学生开展组间互评。 4. 对学生作品中的闪光点和有待改进的地方进行点评。（如问题分析、算法描述工具选择正确，语言表达流畅等） 5. 学生通过学习网站中的"交流评价"栏目进行作品自评、互评、查阅等活动	1. 根据作品评价表，小组展示作品，并进行自评。 2. 欣赏作品，发表自己的见解。 3. 听取教师点评，取长补短，进一步提高多媒体作品的制作水平。 4. 通过网站，自主进行作品的交流与评价	1. 通过学生自评互评、教师点评等多元化评价方式，给学生以展示自我的机会，引导学生在欣赏作品的同时，共同进步。 2. 评价作品的同时，进一步提高学生的审美情趣，语言表达能力。 3. 通过评价，引导学生自我反思，加深学生对所学知识的认识与理解
拓展延伸 （2分钟）	1. 总结本节知识内容。 2. 提问：算法的三种描述工具各有什么特点？为下一节课做准备。 3. 布置课外作业"谁是付钱的人"，进一步培养学生解决实际问题的能力。 4. 引导学生用一句话表达对算法的认识	1. 知识总结，系统归纳。 2. 回忆课堂学习过程，提高对算法的认识，并将所学知识应用到解决实际问题中去。 3. 尝试用一句话表达自己对算法的认识	1. 通过知识总结，帮助学生将知识系统化，以便记忆。 2. 通过知识的延伸，促使学生将知识内化并进行能力迁移，进一步提高学生解决问题的能力。 3. 用一句话表达对算法的认识，不但可以让学生回忆课堂的学习过程，还可以提高学生的语言表达能力

十一、教学评价

通过学习网站可以进行多元化、互动式的评价。在网站中设置了小组自评、小组互评、教师点评、查看评价、管理评价等项目，学生可以进行自评，可以评他人，也可以看教师的评价。教师具有删除修改评价记录的权限

（见表2-11）。

表2-11 教学评价表

班别			题号		组员		评价者	
评价标准			评价指标				小组自评 A、B、C、D	
作品评价	知识内容		问题分析详细、适当、合理					
			算法设计正确、有效、条理清晰					
			合理运用算法的描述方法					
			界面美观、大方、友好					
			算法通用性强、解决问题效率高					
	能力培养		表达流畅、自信、善于沟通					
			小组成员积极合作、互相交流、共同探讨					
该作品的优点								
作品的不足之处及改进方法								
该小组值得借鉴学习的地方								

评分等级：A.优秀；B.良好；C.一般；D.有待改进。

十二、教学反思

本次教学充分利用网络资源，通过学习网站为学生营造了一个自主学习、协作学习、探究学习、交流评价的学习平台，整个教学过程顺利，基本完成了教学目标。学生在课堂上表现积极、活跃，课堂学习气氛浓厚。

1. 紧密联系生活实际，创设情境

在对教学内容和学情进行充分分析的情况下，结合教学目标，将教学内容巧妙地融入教学情境中，寓教于乐。事实证明，联系生活实际，以学生熟悉的事物作为例子，更能调动学生学习的积极性，同时也营造了活跃的课堂气氛，提高了教学效率。

2. 始终以学生为中心，贯穿教学

本课教学设计真正体现了"以学生为中心"的教学思想，从创设情境到搭建学习网站，从设计分层学习任务到设计交流评价，都以学生为中心，让学生在自主、协作的空间里，掌握知识，培养能力。

3. 合理选择案例，精讲多练

教师在设计教学案例时，要分析教材、分析学生，做到充分挖掘生活实例，循序渐进、由浅入深地为学生搭建学习阶梯，做到了教师精讲、学生多练，使得不同层次的学生均学有所得。

4. 须改进的地方

部分学生在使用Word工具制作流程图时，存在操作不熟练的情况，若在学习网站中增加"操作帮助"这一栏，就可以帮助这些学生，保证教学进度的顺利进行。学习网站界面如图2-8所示。

图2-8 "奇妙的算法世界"学习网站界面

课例"多媒体作品的规划与设计"

一、教学思想与理念

本节课的教学设计充分体现了《普通高中信息技术课程标准》的基本理念。注意学生在学习过程中的自主选择和自我设计，充分挖掘学生的潜力，以满足学生个性化发展的需要；充分考虑学生的身心特点和认知发展规律，贴近学生的生活实际，有意识地将德美思想渗透到教学过程当中；以学生的学习和发展为中心，采用任务驱动、情感教学、网络教学、范例教学等教学方法，自主、合作、探究等学习方法，鼓励学生积极表达、交流，协作解决问题，充分体现信息技术学科与其他学科课程的整合；设置多种形式的评价方法，让学生在掌握利用信息技术解决问题的思想与方法的同时，全面提升学生的信息素养。

二、教学分析

1. 教材分析

本节课的课程内容是高一《信息技术基础》第三章中的内容，是本章的重点教学内容。利用恰当的工具软件处理多媒体信息，呈现主题，是用计算机进行信息处理的几种基本方法之一，是前一节对文本信息、表格信息处理内容的延伸和提高，同时也是《多媒体技术应用》的基础。

2. 学情分析

高一学生在初中阶段已学习过PowerPoint软件，为多媒体作品的制作提供了实现条件，高中学生已具备获取信息及对信息进行加工处理的能力。此外，高中生的独立能力强，但合作意识薄弱。

3. 课时

两课时。

三、教学目标

1. 知识与技能

认识多媒体作品的版面设计原则。

了解多媒体作品的规划与设计过程。

熟练多媒体素材的选取与加工。

2. 过程与方法

学生能确定信息的需求并有效地选择适当的方法去获取信息、处理信息。

采用任务驱动、情感教学、网络教学、范例教学等教学方法。

采用自主、合作、探究等学习方法。

通过对信息活动的结果进行评价，能初步了解评价信息的基本思想方法。

3. 情感态度与价值观

培养学生创新意识和审美情趣。

培养学生积极进取、勇于拼搏的精神。

培养学生的合作意识和团队精神。

四、教学重点

根据需求分析，确定多媒体作品的设计方案。

五、教学难点

以恰当的表达方式，突出主题，表达创意。

六、教学策略

创设情境→巧设分层任务→自主探究→小组协作→多元评价→知识拓展。

七、教学资源

1. 硬件资源

多媒体网络教室、投影仪、音响设备等。

2. 软件资源

学习网站、学习素材库（包括图片素材、声音素材、人物素材）、校园网、互联网。

八、教学过程（见表2-12）

表2-12　教学过程概述

教学环节	教师活动	学生活动	设计意图
情境引入	1. 以学生熟悉的有出色表现的一位同学作为主题对象，设计一个多媒体作品，让学生去猜测这位神秘人物。 2. 全体学生站起来，对照提示信息，不符合的坐下，慢慢地筛选出谜底。 3. 向被筛选出的学生提出几个问题： （1）提示一是从外表形象方面描述人物，你记得描述了哪几个方面？ （2）作品中有几个链接按钮？ （3）这么多画面中，你最有印象的是哪一个？为什么	1. 观看、思考、相互讨论，尝试猜出谜底。 2. 先站起来，对照提示信息，不符合条件的坐下，慢慢地筛选出谜底。 3. 被筛选出的学生背向投影屏幕，面向台下同学，回答教师问题，发表自己的观点、看法；台下学生看画面，思考答案	1. 贴近生活，选择学生熟悉的人作为题材，让学生感到亲切，促进活动的顺利开展。 2. 将知识点巧妙地融入作品中。 3. 通过相同的提问，产生台上、台下两种不同的思考方式，更能给学生留下深刻的印象，为下面知识的讲授埋下伏笔。 4. 设计发散性问题，更有利于培养学生的语言表达能力

教学环节	教师活动	学生活动	设计意图
讲授新知	以刚才的多媒体作品为例，通过幻灯片展示多媒体作品的规划与设计流程，讲授如何规划与设计多媒体作品 	1. 通过回忆、反思，进行知识的提炼。 2. 初步认识多媒体作品规划与设计的流程	让学生认识多媒体作品规划与设计的流程，给学生提供学习的范例，为后面学生自主创作提供参考与模仿
创设情境	1. 播放一段视频，请出第二位神秘人物让学生猜测，为后面作品的完成做准备。 2. 简单介绍这位神秘人物，为毕业于本校的一名青年歌手。同时对学生进行思想教育，培养学生积极进取、勇于拼搏的精神 	1. 观看、欣赏作品，积极猜测，踊跃发言。 2. 对人物有初步的了解，想进一步了解这位神秘人物	选择一位毕业于前山中学的校友，并且他在短短几年时间里通过自己的勤奋努力，取得了很不错的成绩，成为一名青年歌手。以青年歌手作为作品主题对象，既符合高中生的性格特点，又加深了学生对学校的认识，更重要的是培养了学生积极进取、勇于拼搏的精神
探究协作	1. 提出问题：如何规划与设计一个介绍人物的多媒体作品？ 2. 指导学生浏览学习网站，明确学生任务、学生资源。 	1. 两人一组，可以自由组合。 2. 小组成员通过浏览学习网站，结合小组实际情况，从三个不同层次的学习任务中选择合适的任务，并根据小组操作能力和时间限制，选择合适的制作工具。	1. 通过小组合作，培养学生的合作意识。 2. 设计不同难度的任务，便于开展分层学习。 3. 精心准备好的学习资源（学习网站、素材共享），为学生自主、协作学习提供了丰富多彩的学习平台，为学生营造了良好的学习氛围

教学环节	教师活动	学生活动	设计意图
探究协作	3. 为学生的自主、探究学习提供丰富的学习平台：学习教程、学习范例、学习资源。 4. 教师巡视，记录、指导和帮助学生开展活动	3. 小组成员共同探讨，如何规划与设计制作过程： （1）确定作品主题。 （2）确定主要内容并分类，设置栏目名称。 （3）设计作品结构图。 （4）构思作品呈现版面，突出主题，表达创意	
展示评价	1. 根据完成任务的实际情况，有代表性地选择部分小组上台展示小组作品并自评。 2. 引导台下学生开展组间互评。 3. 对学生作品中的闪光点和有待改进的地方（如版面特点、创意构思、内容意义、色彩搭配等）进行点评	1. 展示小组作品。 2. 欣赏其他组的作品并横向对比，加深对知识的理解	1. 通过多元化评价方式，培养学生的评价能力、沟通能力、表达能力。 2. 进一步提高学生的创新意识、审美能力、语言表达能力、合作意识。 3. 引导学生自我反思和总结，增强多媒体信息的应用意识
知识拓展	1. 知识小结。 2. 欣赏设计精美的多媒体作品"革命先驱——孙中山"，提出对多媒体作品制作的更高层次认识。 3. 展示作品评价表，为下一堂评价课做铺垫	1. 知识小结，系统记忆。 2. 思考与对比，提高认识。 3. 初步了解评价作品的量化评价标准	1. 通过知识小结，利于构建知识体系。 2. 通过欣赏综合性作品，促使学生进行知识内化，激发学生课外继续学习的兴趣

第 三 篇

有 为 篇

科学的探讨与研究,其本身就含有至美,其本身给人的愉快就是报酬,所以我在我的工作里面寻得了快乐。

——居里夫人

ITtools平台下培养初中学生自主学习能力的实践研究

一、问题的提出

（一）选题背景

1. 社会发展的需要

现代技术极大地改变了人们的日常生活方式、学习方式、信息获取方式、相互沟通方式以及掌握技能的方式等，这种颠覆式的改变给学校教育者和学生带来了极大的冲击。心理学家赫伯特·杰乔指出："未来的文盲，不再是那些不会阅读的人，而是没有学会怎样自主学习的人。"2016年《中国学生发展核心素养》文件中指出：学生要养成良好的学习习惯，掌握适合自身的学习方法；能自主学习，具有终身学习的意识和能力。由此可见，在日新月异的科技创新世界里，培养学生自主学习、终身学习的能力尤为重要。这些能力将促进学生构建适合社会发展的思维模式，发展学生的学习与创新素养。自主学习、终身学习能力是每一位学生在未来的社会生存和发展中的必备能力。

2. 学生发展的需要

《基础教育信息技术课程标准》（2012年版）明确提出：注重主动学习信息技术的意识和方法的熏陶，引导学生在动手操作、自主探究和解决问题的过程中把"学技术"与"用技术"融合在一起，主动探究知识，掌握技能，发展能力。

现代教育心理学的研究表明，即使是同班同学之间，个别差异也是客观存在的，主要表现在认知、性格、气质、能力等方面。自主学习就是要充分尊重学生的个性差异，重视学生个性的和谐发展，并通过教学唤起不同层次学生的自主学习能力和对个人全面发展的追求。然而，在日常教学中我们常常发现，先进的教学设备、丰富多彩的教学资源，并不能启发学生开动脑筋去思考。热闹过后，学生仍停留在被动听课、被动观看视频、被动完成任务的状态。有时，我们虽然进行了课堂教学结构的优化，在课堂教学中做到精讲多练，留出一定时间让学生自学，但学生却不知如何自学，没有养成自我思考、主动学习的习惯。当学生遇到学习困难时，他们经常是处于等待的状态，不主动寻找解决问题的办法。在课堂教学中，还是由教师统一规定教学流程、学习次序、任务内容，学生没有真正的"自主选择、自主学习、自主发现问题、自主检测、自主调整"的机会。分析原因，主要有以下三种情况：

（1）学生的学习差异性相当大，而教师在课堂教学过程中却常常忽视或是无法解决学生的差异性，也没有适合的方式可以让不同认知水平的学生主动制定自己的学习目标，自主选择教学资源、学习任务、学习进程。

（2）当学生有学习困难时，通常只会等着老师来辅导。由于缺乏自主学习的能力，学生发现问题、分析问题、寻找有效途径解决问题的能力也就不能得到很好的培养。

（3）课堂教学的评价侧重作品评价，在学生学习兴趣、学习方法、学习习惯等方面的培养意识是缺失的。由于缺乏有效的多维度评价，因此也就不能很好地培养学生自我反思、自我调控等能力。

这些情况正是因为没有充分考虑学生的个性差异，没能激发学生自主学习的动机，教学效率也就不可能得到很好的提高。华东师范大学庞维国教授曾说："学生自主学习水平的高低不仅影响其学业成绩，而且对其毕生发展也将产生深远的影响。"培养学生自主学习能力正是满足学生自身发展的需要。

3. 学科发展的需要

目前，越来越多的信息技术教师在使用新型的教学辅助平台——ITtools进行课堂教学。这是一款针对信息技术课程的B/S教学辅助平台，该平台整合了课堂调查、教学帮助、师生互助、作业提交、作品互评、课堂测验、Flash操作题批改等功能，具有强大的分析、教与学互动、动态评价等功能。那么，我们能否充分发挥信息技术学科的特色，利用信息技术来满足学生个性化学习的需要，促进学生自主学习能力的提高呢？

我国《教育信息化十年发展规划（2011—2020年）》指出："教育信息化进程中，要创新教育理念，这是教育信息化发展的先导。其次，要重视优质教育资源和信息化学习环境的建设，这是教育信息化发展的基础所在。在此基础上要努力推动学习方式和教育模式的创新，这是教育信息化发展的核心思想。"借助ITtools平台，创新教学模式恰好顺应了"推动学习方式和教学模式的创新"这一核心思想。

本课题尝试借助ITtools平台的优势，从培养学生自主学习能力角度重构教学内容、优化教学设计、开发教学资源、创新教学模式、构建多维度教学评价体系等，并在课堂教学中进行实践研究。

（二）研究意义

1. 理论意义

通过查阅国内外关于自主学习的文献资料，并进行相关文献对比分析发现，我国借助网络教学平台进行自主学习能力培养的研究非常少。而我国正处于教育信息化十年发展规划阶段，迫切需要应用教育信息化进行教与学的变革，创新学习方式与教学模式，建设优质教育资源和信息化学习环境，加强学生核心素养的培养。

本课题致力于学生学习能力培养和创新教学模式的研究，符合社会发展需求、国家教育信息化发展需求、学生发展需求、学科发展需求。在研究过程中，梳理并分析了国内外关于培养学生自主学习能力的理论知识；通过理论探索和实践验证，引导教师转变教学理念，对借助网络教学辅助平台进行自主学习能力培养的策略构建提出了建议，为国内教育工作者开展自主学习培养研究提供了一定的依据和借鉴作用。

2. 实践意义

本课题针对在初中八年级信息技术课堂中应用的网络教学辅助平台ITtools，尝试进行学生自主学习能力培养的实践研究。在尊重学生学习方式、原有经验和认知规律的基础上，分析网络教学辅助平台ITtools的强大功能及其对培养中学生自主学习能力的支撑作用。从支持环境体系、自学能力、目标学习能力、问题学习能力、元认知能力等方面，探索培养中学生自主学习能力的有效途径和培养策略，创新信息技术课堂教学模式，构建多维度评价体系，以便有效地培养不同层次学生的自主学习能力，提高信息技术课堂教学效率，并为自主学习研究提供实践经验。

二、研究基础

（一）概念界定

1. 自主学习能力

作为一种能力，自主学习不仅能使学生在正规的学校教育中受益匪浅，而且为其终身学习奠定了必要的心理基础。[①]国外自主学习的思想产生于古希腊时期，代表性人物是苏格拉底和柏拉图。20世纪初，美国教育学家杜威和心理学家斯金纳开始用实验的方法来验证自主学习的思想。20世纪50—90年代，自主学习逐渐进入系统研究期。随着建构主义、人本主义、元认知等理论的流行，围绕自主学习陆续出现了一些教学模型和教学方法，并有了相关教学实践研究，如网络环境下的自主学习，目标导向的自主学习等。到20世纪90年代进入综合研究期，开始从元认知、动机、行为三个方面研究自主学习。

我国春秋战国时期的孔子就施行启发式教育，教导学生应当主动去学习。20世纪80年代后期，我国教育工作者开始系统研究自主学习，围绕如何培养学生的自学能力展开了许多实验。新课程改革全面铺开后，全国各地更是积极展开针对自主学习的研究。如我国华东师范大学的庞维国博士从横向和纵向两个维度来定义自主学习，横向维度是从自主学习包含的几个方面来分析，纵向维度则是根据自主学习过程中各个活动的自主性来判定。

综合国内外学者对自主学习的研究，本课题组认为，自主学习能力主要包括自学能力、目标学习能力、问题学习能力和元认知能力。

（1）自学能力

自学能力是自主学习能力的基本组成部分。随着信息时代的不断发展，学生只有具有独立学习能力，才能满足信息化社会发展的需求。因此，教师要充分调动学生的主观能动性，重视培养学生的自学能力。

---

① 庞维国.自主学习——学与教的原理和策略［M］.上海：华东师范大学出版社，2003.

（2）目标学习能力

目标学习能力是自主学习能力的首要组成部分。学习目标是学习要达到的目的和要求，它是学生学习的动力。在培养学生自主学习能力的过程中，教师要对教学目标进行多维度、多层次设计，启发学生在学前自己确定学习目标，在学习过程中不断根据实际情况，调整学习策略，直至完成确定的学习目标。

（3）问题学习能力

问题学习能力是自主学习能力的核心部分。问题学习能力的培养就是要培养学生发现问题、提出问题、分析问题和解决问题的能力。教师要善于创设问题情境，提供充分的分析和解决问题的教学资源，让学生产生疑问、提出问题。教师还要引导学生积极分析和解决问题，以提高学生分析和解决问题的能力。

（4）元认知能力

元认知能力是自主学习能力必不可少的组成部分。元认知是指在学习过程中对学习活动进行自我调节、选择和控制，它包括元认知知识、元认知体验、元认知监控等。美国著名的自主学习研究者齐莫曼认为，自主学习涉及自我、行为、环境三者之间的相互作用。自主学习者不仅要对自己的学习过程做出主动控制和调节，而且要基于外部反馈对学习的外在表现和学习环境做出主动监控和调节。

2. 教学辅助平台ITtools

21世纪以来，网络深刻地影响着人类的生活，计算机网络的发展对自主学习的影响越来越强。如何利用计算机网络搭建自主学习的平台，如何利用网络平台帮助、监控、评价学生的自主学习，是目前研究的热点。

信息技术教学辅助平台（ITtools）是由浙江省温岭市第二中学陈斌老师设计制作、由浙江省温岭市教学共同体开发的教学辅助平台，是一个完全免费、开放的教学软件。目前已经受到众多信息技术教师的关注和青睐，并被应用于信息技术实践教学中。ITtools平台自2005年研究开发至今，经过十多年的不断完善，目前已升级至3.4版本。该平台整合了课堂调查、教学帮助、师生互助、作业提交、作品互评、课堂测验等模块，支持rtf/doc/xls/ppt/fla/psd/sb/mm类型文件在网页中直接展示，还支持通过网页对Flash、Frontpage、VB、Access、Excel和Wave进行操作题的自主命题与自动阅卷。其强大的分析功能及灵活高效的课堂教学支持，可以极大程度地提高信息技术课堂教学效率。

现在，使用ITtools平台进行教学的教师数量呈现快速增加的趋势。因为它具有以下优势：

（1）备课时可以为每一节课定制功能，课程可以灵活共享

ITtools提供了30多个独立的功能页面，可以灵活地支持各种类型的教学活动。教师可以根据每节课的实际需求，加载相应功能组建课堂，使得备课更加轻松。

（2）课堂中精确把握教学进度，实现师生结对互助

通过查看学情监控和学生作品提交的页面信息，教师就可以很精确地掌握学生的学习进度。配合座位表定位显示功能可以快速定位在学习上遇到困难的学生，以采取有效方法发动周围优秀学生主动为其提供帮助。

（3）对学生作品进行实时多元化评价

学生在提交作品后，可以在学生互评界面进行浏览、互评。通过浏览和评价，可以比较自己的不足，从而及时纠正自己的错误。评价记录可以持续保存在教学辅助平台中，为教学的延续性提供了技术支持。

（4）提供有力的学习记录数据支持

ITtools将教师和学生的活动进行完整的记录，并提供了强大的查询和展示功能，学生通过平台可以对自己以前所有的课堂学习记录进行回顾，及时发现自己的不足，并及时巩固自己学过的知识。

（5）提供强大的测试控制功能

ITtools平台提供控制、设置测试开始时间、结束时间功能，并有对学生的选择题、填空题进行自动批改的功能，教师可以对学生的成绩进行即时分析，使得课堂中的检测真正成为一种便捷有效的教学反馈手段。

（二）理论依据

1. 建构主义理论

著名心理学家皮亚杰是建构主义的倡导者。他认为，孩子不是通过接纳知识认识外部世界，而是在与外部世界的接触中，通过"同化"和"顺应"逐步建构新的认知体系。建构主义认为：学生是知识意义的主动建构者，教师是教学过程的组织者、指导者、帮助者和合作者；教材所提供的知识不是教师传授的知识，而是学生主动建构意义的对象；教学资源不是帮助教师传授知识的手段工具，而是学生主动学习、协作探索的工具。因此建构主义学习理论认为学

习环境中的四大要素是"情境""协作""会话"和"意义建构"。

建构主义理论强调，教学要以学生为中心，情境对学习意义建构有重要作用，自主学习是教学的重要环节，利用教学资源支持学生"学"而不是教师"教"，学习的最终目的是完成意义建构而不是完成教学目标；教学环节应包含情境创设、自主学习、合作学习、效果评价等。建构主义理论明确列出了利于学生自主学习的教学环节：情境创设→学生自主学习→小组讨论→学习评价。

通过分析建构主义理念，我们可以看出，有利于学生自主学习的教学主要包括以下环节：教师创设问题情境、激发学习动机、明确学习目标，学生自主学习、自学检查、小组讨论；教师讲解，学生练习巩固、自我总结与评价。其中，绝大多数环节由学生自己完成，教师只是在学生经自学、讨论后仍不能解决问题时，有针对性地进行讲解，引导学生克服困难、解决问题。因此建构主义理念告诉我们，要最大限度地给予学生自主学习的空间与时间，凸显学生的主体地位，培养学生的自主学习能力。

2. 人本主义学习理论

人本主义学习理论特别关注人的高级心理活动，认为在教学过程中应根据学生的兴趣激发学习动机，要正视学生的情感需要，给予学生尊重，使之发挥自身潜能，主动学习。人本主义心理学家认为，每个学习个体都有独特风格，教师教学时应充分尊重学生的个性，同时也应当关注师生间、学生间的情感因素，关注课堂气氛对学习造成的影响。[①]

人本主义理论的主要代表人物——美国著名心理学家罗杰斯，强调以培养学生的自主学习能力为目标，其所倡导的教学原则和教学方法很值得我们吸收和借鉴。罗杰斯的教学原则可以归结为以下几个方面：①在学与教的关系上，应置学生于教学的主体地位，以学生的学为中心组织教学。②在教学中，师生之间应该是一种民主、平等的关系，是一种辅助者与学习的主人之间的关系。教师要和学生共同承担学习责任，师生之间的感情要和谐。③在

---

① 方双虎.威廉·詹姆斯与人本主义心理学［J］．安徽师范大学学报（人文社会科学版），
　　2010（5）：585-590.

教学目标上，要以教会学生学习为主，而不是以传授知识为主。④在教学管理上，要以学生的自我管理、自我约束为主，给予学生选择学习内容、学习方式和方法的自由。⑤在教学方法上，要以学生自学为主、教师辅导为辅，让学生自己制订学习计划、选择学习方法、评价学习结果，教师只是在学生需要时才去辅导。

罗杰斯的人本主义教学理论没有明确规定教学流程，但对我们采取何种培养学生自主学习的教学策略方面有一定的启发作用。①我们要精心组织教学内容，使之适合学生的知识水平、学习兴趣和特长，激发学生主动学习。②我们要提供真实的问题，提供可选择的学习条件、目标，让学生根据自身情况进行自主选择。③我们应允许学生自己确定学习目标、计划和内容，自行安排学习进程，自己选择学习策略。④我们应开展多元评价，鼓励学生进行自我评价，评价他人，并及时反馈评价信息。这其实已为我们创新教学模式提供了基本的参考内容。

3.“最近发展区”理论

要更好地培养学生的自主学习能力，就要改变传统讲授式教学中的“先讲后学”顺序为“先学后讲”。“先学后讲”的教学顺序不仅利于充分发挥学生的自学潜能，而且可以凸显教学重点与难点。

早在20世纪30年代，苏联教育家维果斯基就提出著名的“最近发展区”理论。维果斯基认为，学生的发展有两种水平：第一种是现有发展水平，指学生凭借自己的能力独立解决问题的水平；第二种是学生还不能独立解决某些问题，但是在成人或高水平同伴的帮助下可以成功解决问题。学生独立解决问题时的实际水平（第一发展水平）与在教师或同伴指导下解决问题时的潜在水平（第二发展水平）之间的距离就是“最近发展区”。

“最近发展区”理论告诉我们，教学中哪些学习内容应该由学生先学，哪些教学内容应该由教师后教是进行教学设计的重点。如果学生要学习的内容在他们的“第一发展水平”内，就应该由学生自学来解决。如果学习的内容在“最近发展区”内就需要教师的指导和讲授来帮助学生解决。这样才能最大限度地培养学生的自主学习能力。

因此，教师要善于分解教学目标，将其变为学生可以具体操作的学习目标。先让学生在教师正式讲授前进行自学，教师进行学生自学检测，得到自学情况反馈信息。然后将此信息作为教学的起点，调整教学策略进行讲授。这样才更有利于发挥学生自主学习的潜能。教师应着眼于学生的"最近发展区"，确定学生的起点能力，分析学习支撑条件，确定学生自学内容和教学讲授内容，提供不同层次的学习任务，激发学生的自学潜能，使其超越"最近发展区"，从而达到下一发展阶段的水平。

（三）研究现状

1. 国外研究现状

（1）国外自主学习思想提出阶段

20世纪之前，国外的自主学习研究主要处于自主学习思想的提出阶段。国外的自主学习研究历史悠久，从古希腊时期苏格拉底的知识学习的"产婆术"思想到著名教育家、近代教育理论的奠基人夸美纽斯的《大教学论》，再到18世纪法国大无畏社会改革家卢梭的教育瑰宝《爱弥儿》，众多西方教育学家提出了丰富的自主学习思想，强调学生的主动思考和学习的首要地位。他们认为教师的主要作用是引导、协助学生学习，应该采取一切可能的办法来激发学生对知识和学习的强烈愿望，引导他们自主学习。卢梭写道："问题不在于教他各种学问，而在于培养他有爱好学问的兴趣，而且在这种兴趣充分增长起来的时候，教他以研究学问的方法。毫无疑问，这是一切良好教育的一个基本原则。"①英国著名教育家斯宾塞尤为强调发展学生的自主学习能力，他认为教师"应该引导学生自己进行探讨，自己去推论。给他们讲的应该尽量少一些，而引导他们去发现的应该尽量多一些"②。以上所述的自主学习思想还主要停留在理论思辨的水平上，并没有通过实证研究来检验。

（2）国外自主学习初步实验阶段

20世纪初，随着实验主义和实用主义教学思想的兴起，自主学习研究进入初步实验阶段。这一阶段研究的主要特点是：教育和心理学家在深入批判传统教学使学生消极被动学习的基础上，突出了学生自主学习的重要地位，初步确立了利于学生自主学习的教学模式，并且在教学实践中予以检查和推行。在这

---

① 班杜拉.思想和行为的社会基础［M］.林颖，等译.上海：华东师范大学出版社，2001.

② 陈红兵.中学生安排学习时间策略的调查研究［J］.心理发展与教育，1991（2）.

一时期，尤以美国民主主义教育家杜威提出的"做中学"的教育思想和新行为主义心理学家斯金纳的程序教学影响最大。杜威和斯金纳的教学实验尽管过于强调学生的主体作用，忽视了教师的主导作用，没有取得理想的效果，但在一定程度上起到了促进学生自主学习的作用，为20世纪60年代以后系统研究自主学习奠定了坚实的基础。

（3）国外自主学习系统研究阶段

20世纪60年代后期，随着维果斯基的言语自我指导理论价值在西方得到确认，人们看到了自我，尤其是自我言语在学习过程中的调节作用。认知心理学对学习过程的深入研究使人们可以从自主学习的内在心理过程着手研究自主学习。人本主义心理学的兴起则扶正了学生在课堂学习中的主体地位。自主学习的研究进入了系统研究阶段。当前，国外的自主学习理论研究主要有七个派别，研究比较活跃，各自主学习理论学派都具有自己鲜明的特色，都对自主学习做了系统而深入的研究。如以维果斯基为代表的维列鲁学派认为，自主学习本质上是一种言语的自我指导过程，是个体利用内部言语主动调节自己学习的过程。美国最著名的自主学习研究者齐莫曼认为：自主学习者不仅要对自己的学习过程做出主动控制和调节，而且要基于外部反馈对学习的外在表现和学习环境做出主动监控和调节。[①]

2. 国内研究现状

（1）国内自主学习思想提出阶段

我国的自主学习研究也有着悠久的历史，我国古代学者很早就意识到自主学习的重要性。如孟子指出："君子深造之以道，欲其自得之也。自得之，则居之安；居之安，则资之深；资之深，则取之左右逢其原。故君子欲其自得之也。"译文是：君子努力使其学问达到精深，是为了通过独立思考掌握知识。独立思考就会胸有成竹，胸有成竹就会学有根底，学有根底就会随手拈来都能触及问题的本源，而不会深入不下去。所以说君子所追求的正是独立思考。

---

① 庞维国.从自主学习的心理机制看自主学习能力培养的着力点 [J].全球教育展望，2002
（5）：26-31.

我国古代的自主学习思想是十分丰富的，不仅回答了为什么要自主学习、如何自主学习的问题，而且还初步提出了怎样在教学中培养自主学习能力等问题，提出了若干自主学习的原则，如立志原则、学思结合原则、知疑善问原则、自我省察原则、与人切磋原则等。

（2）国内自主学习初步实验阶段

我国一些教育家在继承古代自主学习思想的同时，开始接受西方实验主义教学思想。著名教育家蔡元培先生极力提倡"重启发学生，使能自动研究"的教育方法。中华人民共和国成立之初，"五段教学法"以行政命令的方式在全国推行，此时的教学模式变为以教师讲授为教学的主要环节，学生少有自学的机会。

（3）国内自主学习系统研究阶段

20世纪70年代以后，我国教育迎来了春天，自主学习理念和实验研究如雨后春笋般涌现出来。其中影响较大的自主学习教学实验有上海育才中学段力佩的"八字教学法"，湖北黎世法设计的"六课型单元教学法"，江苏邱学华在常州进行的"尝试教学法"，中科院心理所卢仲衡主持的"自学辅导教学"实验研究，辽宁盘锦二中魏书生实施的"六步教学法"实验。华东师范大学庞维国教授认为，如果学生在学习活动之前自己能够确定学习目标、制订学习计划、做好具体的学习准备，在学习活动中就能够对学习进展、学习方法进行自我监控、自我反馈和自我调节，在学习活动后就能够对学习结果进行自我检查、自我总结、自我评价和自我补救，那么他的学习就是自主的。[①]这些教学实验都把"学生自学"作为教学的重要环节，明确把培养学生的自主学习能力和发展学生智力作为主要追求目标。

三、研究目标、内容和创新点

1. 研究目标

本研究以当代先进教育理念为指导，在总结国内外自主学习的研究文献和研究成果的基础上，着眼于进行适应21世纪信息社会发展需求的初中学生自主

---

① 庞维国.论学生的自主学习［J］.华东师范大学学报，2001（6）：78-83.

学习能力的培养。借助信息技术教学辅助平台优势，在初中信息技术学科教学环节中寻找培养学生自主学习能力的有效结合点，创建利于学生自主学习的新型教学模式，突出学生的主体地位和教师的主导作用，可以提高学生的自主学习效率。

本研究的主要目标：

（1）开发培养学生自主学习能力的网络课程，丰富自主学习资源。

（2）创建自主学习的新型教学模式，激发学生自主学习的兴趣，培养不同层次学生的自主学习能力。

（3）促进学生自主学习能力的发展，提高学生的核心素养。

（4）通过ITtools平台实施多维度评价，有效发挥评价的反馈与调整作用，培养学生的自主学习意识与能力。

2. 研究内容

（1）调查中小学生自主学习能力现状

从珠海市香洲区公办学校中选三所学校的八年级学生作为研究对象，应用ITtools平台强大的课堂调查功能，对学生自主学习能力的现状及存在的问题进行调查与分析，了解信息技术教师的自主学习能力培养意识、在实施教学过程中所遇到的主要困难及其对培养学生自主学习能力的期望等情况。

（2）优化教学设计，开发利于自主学习的网络课程

应用ITtools平台的定制功能，从培养学生自主学习能力角度，对学生现有信息技术教材从教学目标、教学情境、教学内容、教学任务、练习检测等方面进行重新思考与优化设计，形成一套具有自主学习特色的"信息技术网络教学课程"，以利于培养学生的自学能力、目标学习能力和问题学习能力。

（3）开发自主学习教学资源

尊重学生的个性差异，结合ITtools平台强大的在线测试、教学帮助、师生互助等控制功能，开发出满足学生个性化学习需要的、多层次、开放性的教学资源，激发学生自主学习，培养学生发现问题的能力和创新能力。

（4）构建利于自主学习的新型教学模式

以自学检查、教师讲解、创设问题情境、激发内在学习动机、学生自主学习、小组讨论、结果评价等为基本模型，在建构主义教学思想和学习思想的指导下，结合教学内容和学生特点，构建利于自主学习的新型教学模式，丰富已

有的教学模式，为开展自主学习培养研究工作提供一定的依据和借鉴。

（5）构建多维度评价体系

应用ITtools平台的学情监控和学生作品提交、评价功能，丰富评价体系。除进行作品评价外，还可以增加学习态度、学习进度、学习习惯、学习方法、小组合作等行为方面的评价。发挥ITtools平台的评价记录功能。在每一节课中引导学生参照此评价体系，进行自我观察、自我判断、自我调整，充分发挥评价的反馈与调整作用，长期培养学生的自主学习能力。

3. 创新点

（1）拟突破的重点、拟解决的关键问题

培养学生自主学习能力的最大困难是学生的个性差异很大，而ITtools平台强大的学习分析技术正是解决这一难题的法宝。通过ITtools平台，教师可以及时了解学生的学习状态、学习兴趣、学习需求、学习进度、能力差异，及时调整教学策略，最大限度地培养不同层次学生的自主学习能力。

培养学生自主学习能力的另一个难题是评价的反馈调整作用。通常的教学过程只是停留在对某一节课知识内容的检测评价上，对于学习态度、学习进度、学习习惯、学习方法、小组合作等方面极少涉及。然而，这些才是培养学生自主学习能力的关键。本研究项目的另一个重点在于，如何合理设计评价体系，使它有效发挥评价作用，进而培养学生形成良好的自主学习习惯。

（2）创新之处

① 通过ITtools平台强大的学习分析技术，教师可以及时了解学生的学习状态、学习兴趣、学习需求、学习进度、能力差异，从而根据这些动态数据调整教学策略，全面培养学生的自主学习能力。

② 通过ITtools平台灵活的课堂教学功能，可以从培养学生自主学习角度对现有教材进行教学设计优化，开发出配套的教学资源和利于自主学习的网络教学课程。

③ 通过ITtools平台强大的评价、记录功能，可以从学习结果和学习行为角度设计多维度的评价体系，跟踪记录课堂教与学的过程，真正发挥评价的反馈调整作用，为不同层次的学生提供学习指引，培养学生自我评价、自我调控能力，有利于学生形成良好的自主学习习惯，让学生终身受益。

四、研究思路与方法

1. 研究思路

（1）通过文献研究、调查问卷、反馈分析、专家指导等形式进行课题的前期资料调查、分析、整理，确定本课题研究的目标、内容及意义。本研究以珠海市香洲区第八中学、前山中学的八年级学生为研究对象，开展学生自主学习能力现状调查与分析。在此基础上，通过访谈了解信息技术教师自主学习能力培养的已有方式、在实施教学过程中所遇到的主要困难及对培养学生自主学习能力的期望等情况，对课题成员进行ITtools平台的学习与应用培训，确保课题工作的顺利开展。

（2）结合ITtools平台优势，对初中八年级信息技术教材进行重新思考和优化设计，开发适合ITtools平台的与教材相匹配的网络教学资源，开发出一套利于学生自主学习的网络教学课程。

（3）探究学生自主学习能力培养策略，设计培养学生自主学习能力的新型教学模式，设计强化学生自主学习能力的多维度评价体系。在初中八年级实验班开展培养学生自主学习能力的课堂教学实践，通过实践、研究、反思的形式，不断完善研究内容与教学模式。

（4）运用行动研究法和调查研究法对网络教学课程、学生自主学习能力培养的实践成效进行总结与评价。收集应用后的反馈意见和实验效果进行循环分析与完善。最后推广至珠海市其他兄弟学校，为教育工作者开展自主学习培养研究提供一定的依据和借鉴。

2. 研究方法

（1）文献研究法。收集有关自主学习培养经验的文章和学习理论书籍，在理论上找到支撑、找到依据，为研究做好理论指导。通过检索和查阅有关自主学习策略、教学模式、能力培养等方面的文献，对前人的研究成果进行总结和分析，作为本研究的基础。动态跟踪与关注国内外有关自主学习能力培养的最新动态，如国内外的专家论坛、学术会议等，收集一手资料，掌握学科发展动态。

（2）行动研究法。确定课题研究实验班，开发网络教学课程。将其运用于课堂实际教学过程中，同时对学生课堂学习方式进行观察分析，对课堂教学信息的反馈途径进行研究。在研究中采取比较研究的方法，对实验班和普通班学生的学业成绩及能力发展情况进行比较分析，开展课堂教学有效性研究。

（3）调查研究法。采取学生问卷调查、座谈和访谈等形式进行调查研究，了解学生自主学习能力培养策略和利于学生自主学习的新型教学模式在教学中的应用效果，通过调查分析及时调整研究策略，不断改进和完善研究方案。

（4）经验总结法。定期和不定期召开课题研究人员会议。研究人员对每一阶段、每一过程的研究要及时做好资料收集和整理工作，对研究情况进行分析总结，找出研究的规律并形成研究成果。

五、研究过程

1. 问卷调查（2016年9—10月）

（1）研究对象

经课题组研究讨论，选择珠海市前山中学八年级4个班学生、珠海市第八中学八年级2个班学生作为研究对象。实验学校基本情况见表3-1；实验学校研究对象人数情况如图3-1所示。

表3-1　实验学校基本情况

学校	学段	人数	学校概况
珠海市前山中学	八年级	194	省一级学校
珠海市第八中学	八年级	98	省一级学校

参训人数

■珠海市前山中学　■珠海市第八中学

图3-1　实验学校研究对象人数情况

（2）调研方法与内容

本次调研主要围绕两所实验学校八年级学生的自主学习能力展开，采取问卷调查法、访谈调查法，调查的内容主要包括学生基本情况、对自主学习的期望、学习动机、学习认知策略情况、目标学习情况和元认知情况等。本课题组成员对参加实验的这两所学校共292名学生进行"初中学生自主学习情况问卷调查"前测调查。共发放问卷292份，回收问卷290份，有效问卷有290份，有效率为98.9%。问卷采用单项选择题形式，问卷调查内容见表3-2。

表3-2 "初中学生自主学习情况问卷调查"调查内容与对应题号表

调查内容	对应题号
自我效能感与期望情况	1、2、3、4
学习认知策略情况	5、6、7、8
目标学习与问题学习情况	9、10、11、12
元认知情况	13、14、15、16

（3）调研分析

① 自我效能感与期望情况（见表3-3、图3-2）

表3-3 自我效能与期望情况调查表

调查内容（前测）		A选项	B选项	C选项	D选项
		不符合（%）	比较符合（%）	符合（%）	非常符合（%）
自我效能感与期望	希望有独立支配学习时间，有较高学习自主权	6.3	19.6	20.9	53.2
	即使没有完成学习任务，仍试图找出原因	28.3	22	21.8	27.9
	在课堂上，总希望能得到老师的表扬	16.3	23.8	32.2	27.7
	当完成任务时，感觉很有成就感	12.1	28.3	31.8	27.8
自我效能感与期望		15.7	23.4	26.7	34.2

自我效能感与期望（前测）

■A选项不符合（%）
■B选项比较符合（%）
■C选项符合（%）
■D选项非常符合（%）

图3-2 自我效能感与期望情况

调研报告得出，53.2%的学生希望有较高学习自主权，有60.9%的学生自我效能感不错，有15.7%的学生自我效能感很差，说明学生的自我效能感自认为良好。但实际情况还有待在课堂教学中进一步验证。

②学习认知策略情况（见表3-4、图3-3）

表3-4 学习认知策略调查表

调查内容（前测）		A选项	B选项	C选项	D选项
		不符合（%）	比较符合（%）	符合（%）	非常符合（%）
学习认知策略	在自学阅读时，很难把握其中的要点	31.2	30.7	21.6	16.5
	学习时，喜欢摘抄笔记以帮助记忆	20.2	29.6	22	28.2
	学习新知识时，经常把新知识与旧知识联系起来	13	30.5	25.6	30.9
	遇到疑难问题时，会主动寻求帮助	7.8	24.7	32.3	35.2
学习认知策略		18.1	28.9	25.3	27.7

学习认知策略（前测）

■A选项不符合（%）
■B选项比较符合（%）
■C选项符合（%）
■D选项非常符合（%）

图3-3 学习认知策略情况

有25.3%的学生在学习认知上掌握得不错，有18.1%的学生在认知方面还不是很懂，这说明学生对认知策略的认识与应用有待提高。

③ 目标学习与问题学习情况（见表3-5、图3-4）

表3-5 目标学习与问题学习调查表

调查内容（前测）		A选项 不符合 （%）	B选项 比较符合 （%）	C选项 符合 （%）	D选项 非常符合 （%）
目标学习与问题学习	遇到有难度的学习任务时，会分解为小任务，逐个完成	19.5	30	28.3	22.2
	即使没有要求，也会挑战最高难度的学习任务	16.5	28	28.9	26.6
	制作作品时，能设计好作品制作的进度和计划	10.3	31	26.9	31.8
	清楚完成学习任务所对应的知识内容和操作技能	7.6	32.3	30.5	29.6
目标学习与问题学习		13.5	30.3	28.6	27.6

目标学习与问题学习（前测）

- ■ A选项不符合（%）
- ■ B选项比较符合（%）
- ■ C选项符合（%）
- ■ D选项非常符合（%）

图3-4 目标学习与问题学习情况

只有27.6%的学生对自己的目标学习与问题学习能力满意。学生在遇到有难度的学习任务时，有13.5%的学生不知如何分解任务。说明在自主学习过程中，我们要加强任务分解训练，并提供与小任务对应的微视频，帮助学生更好地掌握这一学习能力。

④ 元认知情况（见表3-6、图3-5）

表3-6　元认知调查表

调查内容（前测）		A选项	B选项	C选项	D选项
		不符合（%）	比较符合（%）	符合（%）	非常符合（%）
元认知	即使学习内容枯燥乏味，也会认真学习	8.5	30.5	30.1	30.9
	在信息技术课堂上，经常评价自己和同伴的学习表现	14.8	29.2	27.4	28.6
	能定期总结学习经验，明确今后的努力方向	12.6	31.4	26.5	29.5
	当开小差时，总是能及时调整自己并控制自己认真听讲	19.4	26	29.5	25.1
元认知		13.8	29.3	28.3	28.6

元认知（前测）

- ■A选项不符合（%）
- ■B选项比较符合（%）
- ■C选项符合（%）
- ■D选项非常符合（%）

图3-5　元认知情况

只有28.6%的学生能很好地控制自己在课堂上的表现，有29.5%的学生表示能及时总结并调整努力方向，有30.9%的学生能做到即使内容枯燥也能认真学习。说明学生已有一定的元认知意识与能力。

（4）调研结论

总体来讲，本次调查反映了学生希望通过自主学习能力培养满足下列三点需要：一是有较高的学习自主权。二是在课堂上总能得到老师的表扬。三是能把握住自学阅读的要点，找出未能完成学习任务的原因，及时调整自己并控制

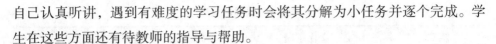

自己认真听讲，遇到有难度的学习任务时会将其分解为小任务并逐个完成。学生在这些方面还有待教师的指导与帮助。

2. 自主学习课程设计与开发（2016年11月—2017年4月）

（1）课题成员分工（见表3-7）

表3-7　课题成员分工

课程名称	负责人	编写人员分工
乘Scratch号列车认识百年香洲	伍文庄	准备篇：伍文庄、周寿庆 第1～4课：伍文庄、陈春蓓 第5～8课：宋深美、周寿庆 第9～12课：李誉、朱志 第13～16课：赖甲坎、陈慧敏

（2）课程目标设计

课程目标是通过某一教育阶段的学校课程，促进该阶段学生的基本素质在其主动发展中最终达到国家（或地区）所期望的水准。[1]在深入分析了"文化理解与传承"素养与信息技术素养的关联后，课程研发团队为课程"乘Scratch 号列车认识百年香洲"制定了三维培养目标：一是传统文化素养培养，以"百年香洲"优秀传统文化为主题，制定文化知识培养目标，培养学生的文化理解、文化认同、文化践行素养。二是学科素养培养，以编程知识为载体，制定学科知识目标，培养学生的"信息意识""计算思维""数字化学习与创新""信息社会责任感"素养。三是培养学生的自主学习能力。

（3）课程目录框架设计

课程研发团队确定本课程目录框架为：以"百年香洲"相关的重大历史事件、重要历史名人、重要人文景观为主线，分为五大篇章，即准备篇、历史篇、人文篇、景观篇、发展篇，后四篇每篇又分解为四大主题，共计18 节内容。其中，每一个主题都蕴含文化知识与学科知识（见表3-8）。

---

① 廖哲勋. 关于校本课程开发的理论思考［J］. 课程教材教法，2004（8）：11-18.

表3-8　课程目录表

篇章	文化主题	学科主题
准备篇	下载安装	认识编程软件Scratch
	整装待发	
历史篇	开启旅程	主要学习外观指令、运动指令、简单的控制指令，程序的顺序结构、循环结构
	重温历史	
	寻觅渔女	
	特区发展	
人文篇	慧识名人	主要学习事件指令、侦测指令、声音指令、难度较高的控制指令，程序的简单分支结构、较复杂的循环结构
	歌颂烈士	
	走进人杰	
	奋发向上	
景观篇	古风乐曲	主要学习声音指令、画笔指令、运算指令、难度高的控制指令，程序较复杂的分支结构、复杂的循环结构
	妙笔生花	
	韵味景色	
	烽火炮台	
发展篇	穿越大桥	主要学习侦测指令、数据指令、积木指令，程序的分支结构与循环结构的混合应用
	观演剧院	
	畅游海岛	
	游览长隆	

（4）课程编写体例

① 导言：主题名称、相关图片、情境导语。

② 学习目标：明确列出本节学习目标。

③ 知识探秘：新学指令、知识加油站。

④ 范例效果：范例作品简介、范例资源。

⑤ 体验创作：作品场景设置、脚本编写（图文对应）、课堂思考。

⑥ 迎接挑战：进阶任务、素材资源。

⑦ 知识锦囊：任务难点分析，以微视频形式呈现。

⑧ 知识梳理：以思维导图的方式呈现所学知识点。

⑨ 知识检测：知识检测题。

⑩ 交流评价：根据标准评价，抒发学习感想。

⑪　拓展延伸：包括知识拓展、同伴交流、作品展示、实地考察、研学活动、社区展示等课外活动。

（5）课程界面设计（见图3-6）

图3-6　课程首页界面

（6）课程资源的设计与开发

课程研发团队非常重视课程资源的开发工作，利用信息技术开发了与教材内容相配套的电子教学资源，如第4节的教学资源（见图3-7）。对课程中的每一节内容都设计了四类电子教学资源：文化资源、编程范例资源、创作素材资源、微视频教程资源。其中，文化资源就是与该节课程文化主题相关的文字介绍、图片、视频等资源。编程范例资源是与课程范例相关的源文件。创作素材资源是学生创作作品时需要的素材。微视频教程资源是按统一模板录制而成的教程微视频，学生可以通过回放、快放、多次播放微视频进行自主学习。

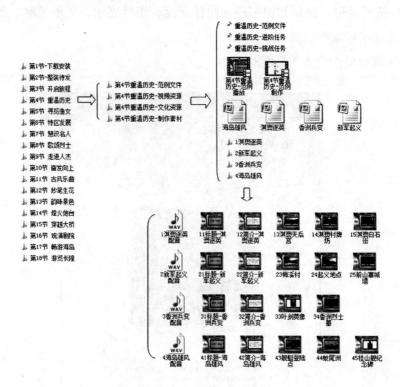

图3-7 课程资源结构

（7）开展研讨课、公开课（见表3-9）

表3-9 研讨课、公开课明细表

时间	组织单位	课例名称	作者	级别
2016年6月30日	阳春市合水镇中心小学	初识Scratch	周寿庆	市级
2017年4月27日	珠海市教育研究中心	3Done 第一课——召唤我的魔法城堡	陈慧敏	市级
2017年4月27日	珠海市教育研究中心	IROBOTQ3D条件判断语句	李誉	市级
2017年5月8日	香洲区教育局	水果奇兵复苏记——图像的局部处理	李誉	区级
2017年6月15日	珠海市香洲区教育科研培训中心	歌舞飞扬——认识Scratch	伍文庄 陈春蓓	区级

3. 自主学习网络平台开发阶段（2017年5—6月）

（1）网络课程平台的制作分工（见表3-10）

表3-10　网络课程平台制作分工明细表

课程名称	负责人	开发人员分工
网络学习平台	伍文庄	第1~4课：陈春蓓、伍文庄 第5~8课：宋深美、周寿庆 第9~12课：李誉、伍文庄 第13~16课：赖甲坎、周寿庆

（2）网络课程平台的测试分工（见表3-11）

表3-11　网络课程平台测试分工明细表

项目	负责人	测试地点
平台测试调试	伍文庄	珠海市前山中学
	陈春蓓	珠海市第八中学
	李誉	珠海市第九中学
	赖甲坎	珠海市第十中学
	宋深美	珠海市第十一中学
	周寿庆	珠海市第七小学
平台技术指导	陈春蓓	珠海市前山中学、珠海市第九中学
	宋深美	珠海市第十中学、珠海市第七小学

（3）网络平台栏目设计

课题组成员根据自主学习能力培养目标，对ITtools平台进行二次开发，设计了11个常用平台栏目：首页、自学知识、自我检测、自选任务、视频教程、作品提交、作品互评、拓展延伸、课后测评、学习论坛和学情监控（见图3-8）。

①"首页"，包括主题名称、导入情境、作品效果图、制作素材下载、本节涉及知识点思维导图、学习目标等内容。

②"自学知识"，包括知识探秘、范例欣赏、范例分析、范例模仿、问题思考等。

③"自我检测"，通过知识检测可产生反馈结果，根据结果导向可自选学习目标。

④"自选任务"，提供分层任务及重难点、易错点的图文讲解。

⑤ "视频教程"，提供完成任务的参考微课教程。

⑥ "作品提交"，学生在平台上提交作品。

⑦ "作品互评"，指展示评价量化表，可以进行自评、互评、师评。

⑧ "拓展延伸"，包括知识梳理和知识拓展内容等。

⑨ "课后测评"，指对知识内容和学习过程进行评价，产生反馈结果。

⑩ "学习论坛"。

⑪ "学情监控"。

"学习论坛""学情监控"与"作品提交"等是平台自带功能，可以按需添加。

图3-8　基于ITtools的自主学习平台栏目

4. 自主学习网络课程开发阶段（2017年7—8月）（见表3-12）

表3-12　网络课程制作分工明细表

项目	负责人	开发人员分工
网络课程制作安排	伍文庄	第1～4课：陈春蓓、伍文庄 第5～8课：宋深美、周寿庆 第9～12课：李誉、伍文庄 第13～16课：赖甲坎、周寿庆

5. 自主学习模式实施阶段（2017年9月—2018年12月）

（1）构建利于自主学习的教学模式

任何教学模式都有一套独特的操作程序，以具体说明教学活动的逻辑步骤以及各步骤所要完成的任务。构建自主学习的教学指导模式也必须对其操作程序做出完整、具体的说明。从2009年起，笔者已对自主学习开展研究，经过近十年的摸索，结合国内外已有的自主学习研究基础，在建构主义理论、人本主义理论和最近发展区理论的启示下，创建了一套适用于中学生信息技术课堂的自主学习六步法：导、读、测、练、评、思。具体说明如下：

① 导。教师创设学习情境，呈现本节知识体系，激发学生学习动机，形成

整体概念。

②读。学生自学知识内容，培养自学能力。

③测。学生完成自我检测并根据反馈结果自定学习目标和计划，自选策略，培养目标学习能力。

④练。学生在学习过程中不断调整学习策略，完成自定目标，培养问题学习能力。

⑤评。进行作品展示、多元评价，培养元认知能力。

⑥思。在自我总结后进行课后测评，引导学生进行自我监控、自我指导，培养学生的元认知能力。

（2）开发和重构利于自主学习的教材内容

教材是学生自主学习的对象，形式多样、直观形象、资源丰富、并行呈现的网络教材内容，更能激发学生的学习欲望，更符合学生能力水平和认知发展特点。因此，教师要结合新一代信息技术将现有教科书进行内容重构，开发出适合自主学习的网络课程。课题组重构了现行信息技术教材内容，结合学科发展需求开发了信息技术网络课程，如"乘Scratch号列车认识百年香洲""Microbit学习课程"。

（3）课堂教学实践过程

① 2017年9—12月，在珠海市前山中学进行课堂教学实践（见表3-13）。

表3-13 "乘Scratch号列车认识百年香洲"课堂教学实践活动安排

课程名称	研究时间	研究内容
乘Scratch号列车认识百年香洲	第一轮行动研究： 第1周至第4周	认识Scratch 开启旅程 重温历史
	第一轮行动研究： 第5周至第8周	寻觅渔女 特区发展 慧识名人
	第一轮行动研究： 第11周至第14周	奋发向上 古风乐曲 韵味景色

② 课堂教学实践活动推广。2017年10月—2018年12月，珠海市前山中学、珠海市第八中学、珠海市第九中学、珠海市第十中学、珠海市第十一中学、珠

海市第七小学、香洲区杨匏安实验学校七所实验学校开展自主学习课堂教学实践活动。

③ 课题组成员开设公开课22节。

④ 课题组成员开设专题讲座17场。

具体如下：

2017年4月25日，课题组主持人伍文庄老师在韶关乐昌市进行示范带学，开设专题讲座"基于网络平台的自主性学习研究"，受到乐昌市信息技术教师的一致好评。

2018年4月25日，课题组成员在汕尾市海丰县进行示范带学，开设讲座"学生自主学习能力的培养策略与实践"。

2019年4月18日，课题组主持人伍文庄老师在韶关市乳源瑶族自治县进行示范带学，开设公开课"促进自主学习的网络课程开发与应用"，示范课"炫彩视频制作初体验"。

2019年5月17日，课题组主持人伍文庄老师参加北京师范大学社会发展与公共政策学院组织的培训活动，为揭阳市惠来县教育信息化骨干教师培训"核心素养下学生能力培养的实践与探索"。赖甲坎老师开设讲座"专属定制信息化教学瑞士军刀，助力专业成长"。

6. 整理总结阶段（2019年1—5月）

对课题研究过程进行整体性梳理与汇总，形成总结性研究成果，完成结题验收工作。

六、成果陈述及成效分析

1. 硕果累累

从2016年开始进行课题研究以来，课题得到了珠海市教育研究中心、香洲区教育科研培训中心、珠海市前山中学、珠海市第八中学、珠海市第九中学的学校领导和骨干教师的大力支持与积极配合。经过近三年的研究，课题硕果累累：

（1）编写精品课程两本，包括由广东教育出版社出版的《乘Scratch号列车认识百年香洲》和由清华大学出版社出版的《三维图形化C++趣味编程》。它们汇集了课题组成员利用课余时间呕心沥血编写而成的深受一线教师欢迎的精品课程，实属不易。

（2）发表论文9篇，其中在国家级刊物上发表4篇，在省级刊物上发表5篇，如《ITtools平台下中学生自主学习能力培养策略》等3篇论文发表在广东省信息技术学科权威刊物《教育信息技术》上。论文发表明细见表3-14。

表3-14　论文发表明细

序号	时间	刊物或单位	作品名称	作者	发表级别
1	2016年6月	《基础教育参考》（CN11-4889/G4）	基于ITtools平台培养学生自主学习的实践探究	伍文庄	国家级
2	2017年4月	《中小学电教》（CN22-1044/G4）	ITtools平台支持的个性化学习实践研究	陈慧敏	省级
3	2017年5月	《基础教育研究》（CN45-1094/G4）	教师推进个性化教学策略的研究与实践	陈慧敏	国家级
4	2018年第36期	《课程教育研究》（ISSN2095-3089）	微课在初中信息技术教学创新中的应用研究	李誉	国家级
5	2018年6月	《教育信息技术》（CN44-1529/G4）	创新教与学方式——培养学生自主学习能力	伍文庄	省级
6	2019年1月	《基础教育参考》（CN11-4889/G4）	基于核心素养的地方文化特色校本课程设计——以"乘Scratch 号列车认识百年香洲"为例	伍文庄	国家级
7	2019年2月	《西藏教育》（ISSN1004-5880）	西藏县级初中数学课堂"实验"教学模式初探	刘忠	省级
8	2019年3月	《教育信息技术》（CN44-1529/G4）	初中信息技术校本课程设计——以"乘Scratch号列车认识百年香洲"为例	伍文庄	省级
9	2019年5月	《教育信息技术》（CN44-1529/G4）	ITtools平台下中学生自主学习能力培养策略	伍文庄	省级

（3）获奖论文11篇，其中获国家级2篇，获省级奖9篇（见表3-15）。

表3-15　论文获奖类

序号	时间	刊物或单位	作品名称	作者	获奖情况
1	2016年6月	广东教育学会	中学信息技术通过学习分析技术实现个性化教学的实践研究	陈慧敏	省级三等奖
2	2016年6月	广东教育学会	基于Scratch编程设计校本课程研究	周寿庆	省级一等奖

续 表

序号	时间	刊物或单位	作品名称	作者	获奖情况
3	2016年6月	广东教育学会	猫和老鼠的故事	周寿庆	省级一等奖
4	2016年6月	广东教育学会	基于"课内翻转"模式在初中信息技术中应用的研究	赖甲坎	省级三等奖
5	2016年12月	广东省教育技术中心	初中信息技术实现个性化教学的实践研究	陈慧敏	省级二等奖
6	2016年12月	广东省教育技术中心	基于微视频的教学模式现状探索	宋深美	省级三等奖
7	2017年6月	广东教育学会	基于计算思维的Sctatch校本课程教学研究	周寿庆	省级二等奖
8	2017年6月	广东教育学会	我是小编剧——初识Sctatch	周寿庆	省级一等奖
9	2017年12月	中央电化教育馆	提高信息技术课堂教学效率的实践研究	宋深美	国家级三等奖
10	2017年12月	广东省教育技术中心	提高信息技术课堂教学效率的实践研究	宋深美	省级一等奖
11	2018年12月	《课程教育研究》	微课在初中信息技术教学创新中的应用研究	李誉	国家级一等奖

（4）开展专题讲座17场，其中省级10场（见表3-16），市级7场，在揭阳市、韶关市、汕尾市等地区开展自主学习能力讲座，受到当地教师的关注与一致好评。

表3-16　专题讲座类

序号	时间	组织单位	作品名称	作者	讲座情况
1	2016年4月18日	广东第二师范学院教育发展力研修学院	把握新视觉，促进教育资源与学科教学的有效融合	伍文庄	省级好评
2	2017年2月23日	珠海市教育研究中心	"信息学联赛辅导"经验分享	赖甲坎	市级好评
3	2017年4月25日	广东省中小学新一轮"百千万人才培养工程"项目执行办公室	基于网络平台的自主性学习研究	伍文庄	省级好评

续表

序号	时间	组织单位	作品名称	作者	讲座情况
4	2017年9月16日	珠海市教育研究中心	国内外教育差异对学生能力培养的启示	伍文庄	市级好评
5	2018年3月29日	广东省教育厅办公室广东省人民政府教育督导室	数据统计技术基础培训之Excel应用	赖甲坎	省级好评
6	2018年3月29日	阳春市合水中心小学	推进信息建设，促进学科融合	周寿庆	市级好评
7	2018年4月25日	广东省中小学新一轮"百千万人才培养工程"项目执行办公室	学生自主学习能力的培养策略与实践	伍文庄	省级好评
8	2018年4月25日	广东省中小学新一轮"百千万人才培养工程"项目执行办公室	澳洲学生关键能力的培养路径分析与启示	伍文庄	省级好评
9	2018年4月25日	珠海市第十一中学（省中小学骨干校长高级研修班）	把创客教育带进校园	宋深美	省级好评
10	2018年5月31日	"首批珠海市中小学教师工作室——伍文庄工作室"研修活动	面向创客教育的初中APP Inventor教学实践研究	李誉	市级好评
11	2018年5月31日	"首批珠海市中小学教师工作室——伍文庄工作室"研修活动	中学信息技术"情境教学法"的实践与探究	陈春蓓	市级好评
12	2018年5月31日	"首批珠海市中小学教师工作室——伍文庄工作室"研修活动	"基于计算思维的初中信息学竞赛课程"开展的思考与实践	赖甲坎	市级好评
13	2018年5月31日	"首批珠海市中小学教师工作室——伍文庄工作室"研修活动	创客教育实施途径的摸索	宋深美	市级好评
14	2018年9月20日	西藏林芝市米林县中学	珠海前山中学特色课程"百年香洲"展示	刘忠	省级好评
15	2019年3月20日	北京师范大学社会发展与公共政策学院	专属定制信息化教学瑞士军刀，助力专业成长——信息化教学技术及工具的应用	赖甲坎	省级好评

序号	时间	组织单位	作品名称	作者	讲座情况
16	2019年4月18日	广东省中小学新一轮"百千万人才培养工程"项目执行办公室	促进自主学习的网络课程开发与应用	伍文庄	省级好评
17	2019年5月17日	北京师范大学社会发展与公共政策学院	核心素养下学生能力培养的实践与探索	伍文庄	省级好评

（5）开展公开课22节，其中国家级1节、省级5节、市级9节、区级3节、校级4节（见表3-17）。

表3-17 公开课类

序号	时间	组织单位	课例名称	作者	级别
1	2016年1月7日	珠海市第九中学	带你制作会说话的汤姆猫	李誉	校级
2	2016年4月28日	珠海市教育研究中心	逐帧动画的设计与制作	伍文庄	市级
3	2016年5月12日	杭州市景成实验学校	用电子表格自动计算	伍文庄	省级
4	2016年5月26日	珠海市第十一中学	感恩父亲——初步认识二进制	宋深美	区级
5	2016年6月30日	阳春市合水镇中心小学	初识Scratch	周寿庆	市级
6	2016年9月13日	广东省教育厅	谁是校运会最佳人选——记录的排序和筛选	陈春蓓	省优
7	2017年4月27日	珠海市教育研究中心	IROBOTQ 3D条件判断语句	李誉	市级
8	2017年4月27日	珠海市教育研究中心	3Done 第一课——召唤我的魔法城堡	陈慧敏	市级
9	2017年5月8日	香洲区教育局	水果奇兵复苏记——图像的局部处理	李誉	区级

序号	时间	组织单位	课例名称	作者	级别
10	2017年6月15日	珠海市香洲区教育科研培训中心	歌舞飞扬——认识Scratch	伍文庄 陈春蓓	区级
11	2018年5月4日	中央电化教育馆	用计算机做科学实验	李誉	部优
12	2018年5月25日	珠海市第九中学	烽火炮台	李誉	校级
13	2018年6月13日	珠海市前山中学	父亲节爱心卡——文字动作补间动画制作	伍文庄	校级
14	2018年9月13日	珠海市教育研究中心	初识人工智能	周寿庆	市级
15	2018年10月9日	西藏林芝市米林县中学	1.4.1有理数的乘法	刘忠	省级
16	2018年10月25日	珠海市第九中学	电脑是如何工作的	李誉	校级
17	2018年10月31日	林芝市教育体育局教研室	有理数的加减混合运算	刘忠	省级
18	2018年11月22日	珠海市教育研究中心	APP Inventor 2 画布的使用	陈春蓓	市级
19	2018年11月29日	珠海市教育研究中心	选择结构的程序设计	赖甲坎	市级
20	2018年12月16日	珠海市教育研究中心	奇妙的3D成像体验之旅	伍文庄	市级
21	2018年12月26日	珠海市教育研究中心	粤创乐美	李誉	市级
22	2019年4月18日	乳源瑶族自治县教育局教学研究室	炫彩视频制作初体验	伍文庄	省级

（6）获奖教学课例34项，其中国家级2项、省级21项、市级5项、区级4项、校级2项（见表3-18）。

表3-18 教学获奖类

序号	时间	刊物或单位	作品名称	作者	发表或获奖情况
1	2016年1月	广东省教育厅	带你制作会说话的汤姆猫	李誉	省级优秀奖
2	2016年6月	广东教育学会	图文混排的设计与制作	李誉	省级一等奖
3	2016年6月	广东省教育学会	用图表直观表达数据	陈慧敏	省级一等奖
4	2016年6月	广东教育学会	图文混排的设计与制作	陈春蓓	省级一等奖
5	2016年9月	香洲区教科培	形状补间动画	周寿庆	区级一等奖
6	2016年10月	广东省教育厅	二进制与计算机	宋深美	省级优课
7	2016年11月	第二十届全国教育教学信息化交流展示活动	初步认识二进制	宋深美	国家级三等奖
8	2016年12月	2016年广东省计算机教育软件评审活动	初步认识二进制	宋深美	省级一等奖
9	2016年12月	广东省教育厅	"水火相容"——白磷水下燃烧的绿化改进	赖甲坎	省级一等奖
10	2016年12月	广东省教育厅	用图表直观表达数据	陈慧敏	省级二等奖
11	2017年1月	市教研中心	初识Scratch	周寿庆	市级二等奖
12	2017年6月	广东省教育厅	用电子表格处理数据	陈春蓓	省优
13	2017年6月	2017年广东省中小学信息技术教育优秀教学设计评选活动	计算机与二进制	宋深美	省级一等奖
14	2017年6月	香洲区教科培	水果奇兵复苏记——图像的局部处理	李誉	省级三等奖

续 表

序号	时间	刊物或单位	作品名称	作者	发表或获奖情况
15	2017年6月	香洲区教育科研培训中心	走近古诗词——Scratch创意编程	陈慧敏	区级一等奖
16	2017年9月	广东省教育厅	主题八 Scratch创意编程——任务二指令助创意	陈慧敏	省级优课
17	2017年9月	香洲区教科培	认识计算机	周寿庆	区级二等奖
18	2017年10月	2017年广东省计算机教育软件评审活动	端午的味道——统计问卷	宋深美	省级二等奖
19	2017年10月	广东省教育技术中心	3Done第一课：召唤我的魔法城堡——防御塔	陈慧敏	省级二等奖
20	2017年10月	广东省教育技术中心	走近京剧	陈慧敏	省级二等奖
21	2017年10月	广东省教育技术中心	果宝特攻——磁性套索工具的使用	李誉	省级三等奖
22	2017年12月	2017年首届广东省初中信息技术学青年教师教学能力大赛	用电子表格统计调查问卷数据	宋深美	省级二等奖
23	2017年12月	2017年珠海市中小学青年教师教学能力大赛	舌尖上的中秋节	宋深美	市级一等奖
24	2018年2月	珠海市"互联网+工作室"主题展评活动暨工作室研究成果评选	用电子表格处理调查问卷数据	宋深美	市级一等奖
25	2018年2月	珠海市教育研究中心	磁性套索工具的使用	李誉	市级三等奖
26	2018年5月	珠海市教育研究中心	小电脑——信息技术版小苹果	赖甲坎	市级二等奖
27	2018年6月	2018年香洲区"一师一优课"评比活动	走进程序世界	宋深美	区级一等奖

序号	时间	刊物或单位	作品名称	作者	发表或获奖情况
28	2018年6月	珠海市第九中学	烽火炮台	李誉	校级二等奖
29	2018年8月	广东教育学会	歌舞飞扬	陈春蓓	省级二等奖
30	2018年10月	广东教育技术中心	用计算机做科学实验	李誉	省级二等奖
31	2018年10月	2018年广东省计算机教育软件评审活动	抽奖也疯狂	宋深美	省级三等奖
32	2018年11月	珠海市第九中学	信息的安全与保护	李誉	校级一等奖
33	2018年12月	中央电化教育馆	用计算机做科学实验	李誉	部级优课
34	2018年12月	西藏林芝市米林县中学	解一元一次方程（移项）	刘忠	省级一等奖

2. 丰富自主学习能力培养资源库

课题研究期间，产生了一大批宝贵的教学资源，如优秀教学课例、教学设计、微课视频、专题讲座资源库；将现有教科书进行内容重构，开发出适合自主学习的网络课程两门，即"乘Scratch号列车认识百年香洲""Microbit创意编程"；开发教学资源库，丰富了"自主学习能力培养"资源库。

3. 创建自主学习的教学模式

课题组成员结合教学经验和学科特色，创建了信息技术学科特色的自主学习六步法，得到了信息技术教师的认可和一致好评。实践证明，自主学习六步法深受学生喜爱。在课堂学习中，学生通过自主学习六步法能很好地掌握学习内容，能掌握更多的自主学习策略，提高了自主学习能力。

4. 课题研究成果推广情况

近年来，课题组成员和实验学校教师积极开展课题研究工作，在教育科研课题的引领下，科学、务实、有针对性地开展教研和课堂实践工作，并积极开展课题推广工作，取得了丰硕的成果。

（1）成功编写自主学习教材2本，分别是广东教育出版社出版的精品课程教材《乘Scratch号列车认识百年香洲》（见图3-9）和清华大学出版社出版的精品课程教材《三维图形化C++趣味编程》，已在珠海市前山中学、珠海市第八中学、珠海市第九中学、珠海市第十中学、珠海市第十一中学、珠海市第七小学、香洲区杨匏安纪念学校七所中小学开展课堂教学实践活动。

图3-9　精品课程教材《乘Scratch号列车认识百年香洲》

（2）课题组成员积极撰写论文，有9篇发表于各级正式刊物上。如伍文庄老师撰写的多篇关于自主学习的论文发表于《教育信息技术》等信息技术学科权威刊物上。这些刊物都是深受信息技术学科教师高度关注的刊物，能极好地展示本课题研究成果，具有极好的推广作用。

（3）教育信息技术杂志社对本课题主持人伍文庄老师进行人物采访。伍老师对本课题研究进行了详细的介绍，扩大课题研究的影响力，使更多的教育工作者关注自主学习，关注学生能力发展。

（4）在揭阳市、韶关市、汕尾市、阳江市等多个地区以研讨课、公开课、专题讲座、示范带学等形式进行课题研究成果推广，受到当地教师的喜爱与一致好评。课题组共举办17场讲座，22节公开课，很好地推进了自主学习能力培养研究成果，吸引更多中小学教师参与自主学习能力研究，促进中小学学生自主学习能力的培养，提升义务教育阶段的教育质量。

（5）课题组主动参加省、市、区的各类比赛课、一师一优课、同课同构示范课等专题活动，向各地区教师展示课题组的优秀课例和自主学习平台。

教育云服务下中小学教师教育技术能力可持续发展的研究

截至目前，中小学教师都接受过英特尔未来教育核心课程培训，"国培"计划，"微软"培训，教师初级、中级教育技术培训等培训活动。这些培训活动的确提高了教师的信息技术能力，但也存在不理想的情况。例如，信息技术与学科教学综合应用能力没有达到预期的目标，与一线教学实际存在一定的距离，培训的实用性不强；培训者与学员不在同一个地区，处于一个相互隔离的封闭网络系统中，培训者与学员相互不见面，不容易相互了解，互助性不强；培训课程侧重信息发布；教师对教育技术能力培训的重要性认识程度不高，学习结束后很快就忘记了培训内容，无法坚持应用所学知识或拓展所学知识；部分教师在具体的任务活动中综合运用教育技术能力相对偏低，对提高自身教育技术能力的主动性不高；等等。

笔者作为市区信息技术学科的骨干教师，市、区工作室主持人，学校教研室负责人，经常作为授课教师参与市区教师的培训活动，对珠海市教师现有教育技术能力水平及学校继续教育培训特点都有一定程度的了解。因此，在分析培训现状的基础上，尝试创建一种"因校制宜"的教师教育技术能力校本培训模式。而且，珠海市又是全省"粤教云"示范应用首批实验区、广东省教师培训基地。本课题正是在这一研究背景下，研究如何结合"教育云"与"校本培训"的优势，提高区域教师的教育技术能力。本课题具有时代性、新颖性、实效性，顺应珠海市教师专业发展的新动向，填补了珠海市开展中小学教师教育技术能力培训的空白。从2012年10月承担课题研究以来，课题组成员团结协作、集思广益、取长补短，共同研究，经过近三年的实践研究，取得了显著的研究成果。本培训模式以开放性、多样性、互动性、持续性的特点满足各学科多层次教师的教育技术学习需要，得到实验学校广大教师学员的认可与肯定，促进了中小学教师教育技术能力的进一步提高。

一、选题背景

我国在2002年颁发的《教育部关于推进教师教育信息化建设的意见》中明确提出："教师教育必须加快信息化进程，加大信息化建设力度，为全面提高教师的信息素养和专业能力奠定坚实的基础。"至此，各地区都展开了面向中小学教师的教育技术培训。随着各地培训工作的不断开展，中小学教师普遍接受过英特尔未来教育核心课程培训，"国培"计划，"微软"培训，教师初级、中级教育技术培训等培训活动，教育信息化建设取得了一定的成果。但是，从教育技术的培训内容、方式方法及效果上进行分析，还存在一些普遍性的问题。①教育技术培训平台侧重信息发布，交互性不够灵活，教师学习的积极性不高，不利于教师持续发展。②培训内容与中小学教学实际联系存在一定的距离，培训的实用性不强，重技术能力的培养，轻教育教学的应用。③一般学校都选派骨干教师参加轮训，以期起到"以点带面"的辐射作用，因此培训的周期较长，参与面非常有限。④培训者与学员不在同一个地区，培训者与学员很难见面，相互不容易了解。⑤培训模式过于单一，受训教师的学习积极性难以持续。⑥受训教师回到自己的工作岗位后就会发现教学现实与培训所学知识之间存在差距，很多教师很快就会忘记培训内容，又回到原有的工作模式上，使培训难以持续发挥作用。基于以上分析不难看出，教师教育技术能力的可持续发展还存在许多问题值得探索与思考。

课题主持人作为市、区工作室主持人，市、区信息技术骨干教师，学校教研室负责人，经常参与市、区教师的专业发展培训活动。本课题组核心成员有珠海市教育局装备中心主任代毅，珠海市香洲区信息技术教研员林海国老师，珠海市中小学信息技术学科带头人沈松发、郗晓丽，中小学信息技术骨干教师何斌、万菲、周寿庆、唐筱璐、索芳等。课题组成员经常作为授课教师，参与珠海市中小学教师教育技术培训工作。

在不断探索中小学教师教育技术能力培训实践活动过程中，校本培训凭借其"因校制宜"的灵活性、高效性、持续性、实用性等优势，得到中小学校的高度关注和重视，并在全国范围内广泛开展，发展十分迅速，取得了一系列的成果。但是香洲区乃至珠海市至今仍未以校本培训的形式进行中小学教师教育技术能力培训。此外，广东省"十二五"教育信息化规划安排了"粤教云"工程重大项目，该项目被广东省科技厅立为重大科技专项，由华南师范大学和广东省电化教育馆等八家合作单位共同合作实施。珠海市教育局签约成为该项目的合作单位之一，承担了该项目的区域试点和学校试点工作，并负责建设全省的教师培训基地。

课题组尝试创建一种"因校制宜"的教师校本培训模式，以促进区域教师教育技术能力的可持续发展。

1. 我国教师教育技术能力培训发展情况

2004年，教育部根据《中华人民共和国教师法》和《中小学教师继续教育规定》的有关精神，为贯彻落实《2003—2007年教育振兴行动计划》，提高广大中小学教师的教育技术能力和水平，促进教师专业能力的发展，制定了《中小学教师教育技术能力标准（试行）》。这是我国中小学教师的第一个专业能力标准，标志着教育技术能力是信息时代教师必须具备的能力之一。它的颁布与实施是我国教师教育领域一个具有里程碑意义的大事，对我国教师教育的改革与发展产生深远影响。

2005年，教育部实施全国中小学教师教育技术能力建设计划，以《中小学教师教育技术能力标准（试行）》为依据，经过规范的程序，统一制定了教学人员初级和中级培训大纲，组织审定了培训教材，委托开发了网络培训课程，突出规范性、针对性和实效性，努力使教材和网络课程达到较高水平。计划在2005年至2007年，组织全国1200万中小学教师完成不低于50学时的教育技术培训。2005年7月，教育部颁布了《中小学教学人员教育技术能力培训大纲》，并审定两套《全国中小学教师教育技术能力培训教材》。同年9月开始对教师进行试点培训。2006年，培训在全国范围内展开。2007年，已经完成了对所有骨干教师的培训。

教育技术能力培训对象是全国1200万中小学教师，其起点、需求差别巨大。城市与农村、发达地区与欠发达地区相比，教师教育技术能力存在着比较明显的差距。2007年底，"1219名骨干培训者国家级培训已顺利完成；14个省、自治区、直辖市的教师教育技术能力培训工作也在逐步展开，其中辽宁、江苏、河南、广东、广西、海南、重庆、云南、西藏和宁夏已经启动了对一线教师的培训。此外,内蒙古、上海、新疆等地组织实施了培训者培训,为'计划'的全面展开积极准备"。到 2007年11月底,"已有 39.2万名教师参加了培训,其中,省、市、县的培训者有1.95万人,学科教师有37.3万人"。"2006年11月、2007年6月和11月,教育部考试中心分别组织了3次全国教育技术能力水平考试,参加考试的教师共计27.3万人,考试合格的教师有23.4 万人,合格率约为 86%"①。

这些培训把广大一线教师教育技术能力提高到一定的水平,也为本课题实施校本化培训模式提供了可行的实施环境。

2. 教育变革对教师教育技术能力提出新的要求

《教育信息化十年发展规划》(2011—2020年)中提出,要"制定和完善教师教育技术能力标准,开发面向各级各类教师的教育技术培训系列教材和在线课程,实行学科教师、管理人员和技术人员的教育技术培训。制定信息化环境下的学生学习能力标准,开发信息化环境下的学生学习能力培养相关课程。建设教育技术能力在线培训平台和网上学习指导交流社区"。

如果说20世纪的广播、电视、幻灯、投影带来了当时学习内容和学习方式的变化,那么20世纪以Internet为核心的计算机网络的发展则引发了深层次的教育改革。教育改革的根本途径在于通过转变教师的教学方式来促进学生学习方式的变化,为学生建立一个自主、体验、探究、合作、交往的学习平台。这一切都对教师的教育理念、教学习惯、教学方式、现有的知识储备、对信息技术的掌握等方面提出了前所未有的挑战。如何有效地促进教师的专业化发展,提高教师的教育技术意识与能力,保证教育的质量和效果已经成为一个迫切需要解决的问题。

3. 新技术发展带来的突破点

在网络环境中,服务提供商、个人用户等正不遗余力地发布满足各类应

---

① 宋永刚.加强中小学教师远程扎实推进教师教育技术能力建设计划——在全国中小学教师远程培训暨教育技术能力建设计划实施工作经验交流会议上的讲话［J］.中小学教师培训,2008(1):6.

用需求的 Web 服务（也包括大量的教育与学习服务）。这些物理上分布在网络节点中的 Web Service 就像是"云"计算环境中的一个个"云滴"一样，无处不在。因此，云计算时代的学习模式表现为任何用户只要通过能够访问网络的任何设备，不管是固定平台（如台式机、笔记本电脑等）还是移动平台（如手机、iPad等），都可以在任何时间、任何地点，采用任何方式在互联网开放云、个人私有云之间无缝切换，管理个人资源，开展学习。[①]

随着云技术的发展，越来越多的学校和个人把自己的信息处理迁移到"云"上。教育云将改变原有的教师培训模式和学习方式，使培训内容更生动、更丰富、更直观，并且能够实现原有网络技术下无法实现的网络学习、移动学习、电视学习等多种学习方式，从而改变时时学习、处处学习的社会氛围的形成。[②]

因此，新形势下，教师的培训内容、方式、组织结构也要适应时代的发展，将信息化教育和"云技术辅助学习"的要素融入教师专业培训中。

二、研究目标

（1）注重培训内容与教学真实情境相结合，开发出适合中小学教师教育技术能力发展的培训教材。

（2）发挥专业技能人员与学科专家的优势，设计与开发贴近教育教学的"珠海市中小学教师专业发展平台"。

（3）创设多种继续教育校本培训形式，使教师教育技术能力培训保持常态化，促进教师教育技术能力发展的持续性和参与性，提高教育技术能力培训的效能。

三、理论依据

1. 教师专业素养理论

《中共中央、国务院关于深化教育改革，全面推进素质教育的决定》指

---

① 吴涛,金义富,张子石.云计算时代虚拟学习社区的特征分析［J］.电化教育研究，2013（1）：57-61.

② 李铧.基于云计算理念打造教育云的探讨［J］.天津电大学报，2011, 15（3）：47-50.

出："建设高质量的教师队伍，是全面推进素质教育的基本保证。"素质教育是一切教育活动的灵魂。教师的专业素养水平直接决定了当代素质教育的质量。在新时期基础教育改革发展的重要阶段，教师扮演着前所未有的决定性角色。一位优秀的教育工作者，不仅要具备应该传授给学习者的专业性知识，还要拥有能将自己的知识理论充分传播的相应技术能力；不仅要能够协调自身的人际关系，还应该明确自己所肩负的社会责任；不仅要有创新思维与独立思考的能力，更要有发现问题、分析问题、解决问题的能力以及进行教学研究的能力。

关于教师专业素质结构，不同学者众说纷纭，但是普遍认可的是教师专业素质的主要成分包括专业知识、专业能力、专业态度，这几个方面的发展同时也决定了教师专业发展水平。我们通过一个表来整理教师专业素质结构（见表3-19）。

表3-19　教师专业素质结构

项目	内容
专业知识	1.应具备的普通文化知识：基本的科学知识和人文知识 2.所教学科的知识：教师用以胜任工作所应具备的，关于本学科以及与本专业相关的学科知识
专业能力	1.沟通和协调人际关系的能力：教师应该具备理解学生和他人的能力，具备健全的品格，能与学生有效沟通 2.教育教学能力：能独立完成有效的教学活动，有创造性的教学研究能力 3.组织和管理能力：能组织教学内容、控制教学节奏、引导学生的学习过程
专业态度	1.专业理想：教师要具备从事教育工作的专业理念和职业道德 2.专业情操：它是构成教师情感观和价值观的基础，用以陶冶学生性情和塑造人格 3.专业性向：是教师专业发展的心理素质基础 4.专业自我：对自身从事教育事业的自我感受、自我评价，并能根据这些进行自我改进

"教师专业素养"理论对教育技术能力培训的启示：教师能否在教学活动中有效应用教育技术，不仅决定了教学效果如何，还影响着教师的自我认识与提高。这种认识与提高包括教师对自身专业知识的理解，对自己专业能力的合理评价和对教学态度的衡量，是教师的存在感与自我价值的体现。从这一点

168

看，教师教育技术能力培训的作用显得尤为重要。培训的意义不仅在于传授与更新教师的理论知识，还在于教授教师将教育技术与学科整合，从而实现优化教学过程，提升教学质量。

2. 成人教育理论

马尔科姆·诺尔斯（Malcolm S. Knowles）是美国当代最有影响力的成人教育学家，被称为"美国成人教育学之父"。诺尔斯提出了成人教育学理论的六项完整假设：主动积极的自我概念、丰富的生活经验、学习准备度、学习取向、强烈的内在动机以及学习需要的意识。①自我概念。成人是一个成熟且独立的个体，有自己的看法和主张，明了自己的需求，为自己的学习负责。②经验是学习的重要资源，成人多样性的经验可使教学生动、多元。③学习准备度。成人依据社会角色的发展任务之需求而学习，因此在具有相同任务的同质团体中有着较佳的学习效果。④成人学习是要立即应用的。成人学习有"问题中心"取向。⑤学习动机。成人的学习动机是内在的因素，如自尊、自信、自我实现与改善生活品质等内在动机。⑥学习意识。成人在学习之前会先明了要学习什么，如果不学的话有什么损失。[①]

"成人教育"理论对教育技术能力培训的启示：①在教师教育技术能力培训中，要尊重教师学习的自主性，让他们参与培训计划的制订和管理。②教育技术培训计划要具有多样性和灵活性，提供多种模块，使教师可以根据各自的经验和需要进行选择。③从教师关于教育技术能力现有基础或学习的准备出发，确定他们需要学习的内容。④教师教育技术培训要以问题解决为中心，提高教师处理问题的能力。⑤一线教师的经验或优秀作品是校本培训的重要资源，要善于运用教师取得的教育技术培训成果，进行案例分析。

四、研究内容

1. 现状调查与分析

以珠海市前山中学、香洲区第七小学两所学校的教师为研究对象，在云服务环境下采用远程问卷调查、智能评测系统、反馈分析等方式对其教育技术能

---

① 吴泽强.诺尔斯成人教育学理论述评［J］.科教文汇，2011（01）：34-35.

力现状及存在问题进行调查与分析，了解教师的教育技术应用意识、教育技术知识与技能现状、在应用教育技术手段实施信息化教学过程中所遇到的主要困难、教育技术能力发展的期望等内容。

2. 培训内容的设计与开发

充分调动两所学校的各学科骨干教师和信息技术专业教师的专业特长，从学科特色、认知基础、教学需求三个方面进行培训内容的分析，突出在线专家咨询、微视频教程的研究与开发，设计出贴近学科特色、促进教师教育技术能力发展的培训内容。以优质教育资源和信息化学习环境建设为基础，以基于"云服务"下的云端结合的学习方式和教学模式创新为核心，构建集展示、交流、培训、测试、服务等多种功能于一体的学习平台。激发教师学习的积极性和互助性，更好地促进教师专业能力发展。

3. 网络培训平台的设计与开发

与珠海市教育装备与信息中心、珠海市香洲区教育科研培训中心建立技术合作关系，通过对教师培训的硬件环境、操作系统、学习需求和管理功能进行分析，在"教育云"环境下设计并开发具有远程教学、互动交流、综合评价、网络考试、结果统计等功能的网络培训平台。通过网络培训平台为珠海市中小学教师创建良好的网络学习环境，提高教师的学习兴趣，让教师利用课余时间进行自主、有效的学习，提高教育技术能力。

4. 培训模式研究

要使中小学教师教育技术能力培训工作切实有效地展开，就必须建立科学合理的运行机制来保证培训的可持续健康发展。结合珠海市中小学教师培训情况，创新多样式、螺旋式、自主式的继续教育校本培训模式。以学时和学分的激励形式提高教师参与培训的积极性，使培训保持常态化、持续性，最终有效提高培训效能，为珠海市中小学教师教育技术能力发展的实施研究提供一定的参考借鉴价值。

五、研究价值

1. 理论意义

本课题以广东教育信息化重大示范工程"粤教云"工程为依托，结合校本培训的灵活性、高效性、持续性、实用性等优势，致力于教师教育技术能力持

续性发展的研究工作。从教师专业发展理论、群体动力学理论、成人教育理论
三个方面分析了有关教师教育技术能力培训的内容，并应用于培训教材、培训
形式、培训平台的设计与开发过程中，贴近一线教师教学实际，将培训内容与
教学真实情境相结合，将知识技能与方法的学习融合到教学实践活动中。构建
"云服务"下的培训平台，创新多样化的培训形式，鼓励教师进行实践反思、
协作互动、更新观念，最终从"意识与责任、教学理论与应用、教学资源的获
取与开发、教师发展"四个方面促进珠海市中小学教师教育技术能力可持续
发展。

2. 应用意义

本课题研究与设计开发的教师教育技术培训教材、基于"云服务"的培训
平台为教师提供了新型的培训环境，自主实践、交流互动、螺旋上升、灵活应
用的校本培训形式有利于教师培训效率的提高，有利于教师继续教育学习的可
持续开展。

本研究以两所不同类型的学校为例，结合学校自身的发展规划，诊断学校
教师教育技术能力培训的需求及现状，发现问题、揭示原因，提出解决问题的
对策，并在实施过程中根据学校的不同特征关注其运行的过程，进而探索出一
套有效的运行机制，为以后同类学校开展教师教育技术能力校本培训工作提供
可借鉴的实施方案。

六、课题研究的方法、思路与方案

（一）研究方法

1. 文献资料法

运用文献研究法来收集有关教师教育技术能力的培训经验，对相关学习理
论进行研究分析。

2. 调查研究法

以学校管理人员、学科教师为考察目标，发放自编的教育技术能力校本培
训需求调查问卷，了解该校教师教育技术能力的掌握水平及需求等情况，为进
一步研究奠定基础。

3. 行动研究法

通过校本培训的方式在实验学校实施培训实践研究。对培训实践中所得

171

到的数据、案例等进行分析和反馈，持续对培训教材、培训平台进行修改与完善。在培训前后分别对实验学校教师的教育技术能力进行测试。比较分析测试结果，开展有效性研究。

4. 个案研究法

本研究选取两所具有代表性的学校进行提高教师教育技术能力校本培训的个案研究，通过具体问题具体分析的原理进行实地调研和研究，不断地发现问题、修正与完善，帮助和指导教师们完成各种培训工作，从而达到培训目标。

（二）研究思路

本课题以珠海市前山中学和香洲区第七小学两所学校为试点，在分析当前中小学教师专业发展问题的基础上，设计和开发出贴近学科特色、促进教师教育技术能力发展的培训内容；利用Web2.0技术设计开发了一个在"云服务"环境下的集教学模块和管理模块于一体的网络培训平台，采用继续教育学时与平台积分相结合的多种校本培训形式。

通过实践、研究、反思，不断完善培训内容与培训平台。运用行动研究法、调查研究法和个案研究法对培训内容、培训平台、培训形式进行总结与评价，收集应用后的反馈意见和实验效果进行循环分析与完善。最后整理和提炼出成功的研究成果，于珠海市兄弟学校进行交流与推广。

（三）研究方案

本项目从文献研究和教育需求入手，进行整体思考，逐步落实研究任务，采取边研究、边总结、边调整的原则，灵活机动，确保项目有序开展。

1. 准备阶段（2012年11月—2013年6月）

召开课题组成员会，明确研究对象，布置研究任务。主要工作：技术储备，分析平台建设需求及各类相关数据，对课题组成员进行集中培训，明确课题组成员分工，学习掌握相关理论，制订课题研究的实施方案，完成开题报告。

2. 开发阶段（2013年7月—2014年9月）

编写教师教育技术能力培训校本教程，建立服务平台的系统结构、基本框架，形成平台模型，并在此基础上进行平台的开发，以及进行中小学教师教育技术培训相关资源开发。

3. 实施阶段（2014年10月—2015年8月）

在实验学校通过校本研究形式组织开展实践活动；采用继续教育学时与平

台积分相结合的培训形式进行实践、研究、反思、完善。以问卷调查、座谈讨论、检查指导、学习成绩等形式，获得反馈信息，整理和分析数据，分阶段进行对比，及时调整研究方案。把典型的经验和教训写成论文、经验总结或教育理念，不断完善网络课程学习平台，形成阶段性成果。

4. 整理总结阶段（2015年9—12月）

在前一阶段总结的基础上，整理汇总研究中形成的研究报告、论文、教学平台、活动和学习成绩记录等阶段性成果，进行全区推广应用，进一步完善培训方案和激励方案。对整个研究过程进行回顾，形成最终研究报告，结题验收。

七、研究过程

（一）前期准备阶段

为了更好地发挥"粤教云"工程项目培训基地的优势，主持人与珠海市教育研究中心专家、珠海市香洲区信息技术学科及师训部专家等成员多次协商后，确定广东省"粤教云"项目实验学校——珠海市香洲区第七小学，课题组主持人所在学校——珠海市前山中学的一线教师作为研究对象。

认真学习与课题研究相关的文件——《教育信息化十年发展规划》（2011—2020年）、2012年广东省人力资源和社会保障厅的《专业技术人员继续教育工作宣传提纲》、2009年《关于加强珠海市中小学教师继续教育校本培训工作的意见》和2009年《珠海市香洲区中小学教师继续教育"校本培训"工作指南》等，领悟文件精神，为提高课题研究质量，保证研究工作管理的有序规范开展打下扎实的基础。

为了顺应珠海市教师专业发展的新动向，更好地研究如何结合"教育云"与"校本培训"的优势，创建一种"因校制宜"的教师校本培训模式，本课题组决定向"广东省教育科学规划领导小组"申报教育信息技术专项研究课题，以课题研究的形式提高教育技术能力培训的效能，促进教师教育技术能力的可持续发展。

（二）申报阶段

2012 年10月，以"'教育云'服务下中小学教师教育技术能力可持续发展的研究——以'珠海市中小学教师专业发展平台'为例"为题向广东省教育科学规划领导小组申报。所做的主要工作有三项：一是完成课题申报资料；二是确定研究方案；三是确定课题组成员及主要职责。①确定由珠海市教育研究中心刘文军老师、珠海市教育局装备和信息中心张伟铭主任、珠海市前山中学刘忠校长、珠海市香洲区曾君主任等成员组成课题研究领导小组。②组建了由珠海市前山中学伍文庄老师、珠海市香洲区教育局林海国老师、珠海市教育研究中心代毅老师、珠海市教育研究中心何斌老师、珠海市电视大学万菲老师、香洲区第十中学沈松发老师、香洲区第十中学索芳老师、香洲区第七小学郗晓丽老师、香洲区第七小学周寿庆老师、香洲区第十九小学唐筱璐老师10人组成的课题研究组，负责对课题开展具体研究工作。③组建了由实验学校的骨干教师、科组长、备课组长组成的实验学校教师干事组，负责设计培训方案，研讨培训内容，转达培训要求，帮助同学科老师，反馈从下级到上级的建议与意见等。

（三）开题阶段

2013年3月20日，"'教育云'服务下中小学教师教育技术能力可持续发展的研究——以'珠海市中小学教师专业发展平台'为例"课题被批准为广东省教育科学"十二五"规划2012年度教育信息技术专项研究课题。

2013年6月18日，本课题正式开题，参加本次课题开题的专家有珠海市教育研究中心刘文军老师、珠海市教育局装备和信息中心张伟铭主任、珠海市第一职业中学叶振龙老师；参加课题开题会议的有珠海市教育研究中心代毅主任、珠海市香洲区教育局信息技术教研员林海国老师及课题组相关成员。

课题组主持人珠海市前山中学伍文庄老师向与会专家和人员介绍了课题选题背景、核心概念、国内外研究现状、研究目标与内容、研究方法与思路、实施方案、小组分工等内容，还介绍了目前实验学校教师教育技术能力现状、课题研究开展情况等。

专家组听取了主持人对课题内容的介绍后，对本课题的研究价值给予了肯定，同时也提出了宝贵的建议。①珠海市教育研究中心刘文军老师认为："这是一个很有现实意义的课题，它对教育现代化城市建设有着实在、专业的支撑作用。课题与省、市相关课题有衔接，课题的研究内容、研究步骤都很清晰。本课题最大的难点在于内容设计上，如何填充内涵，使用哪种管理机制将成为本课题的研究难点。本课题的研究范围偏大，研究重点应放在以'珠海中小学教师专业发展平台'来促进校本培训的实践研究，这会是一个亮点。研究的时间不够长，需要增加研究时间。"②珠海市教育局装备和信息中心张伟铭主任认为："报告简略而重点突出，继续教育成为亮点。队伍非常强，成果非常明显。资源有很多学校、公司都在做。资源的技术规范、通用性非常重要。要做好互动性不容易。纯粹的人机互动是不够的，应该有讲师的互动。对一个问题，所有人都要能发表观点，有多元的评价和评分，可进行网上测试，等等。现在真正吸引教师的并不是所谓的大专家、学者，而往往是一线教师所拥有的丰富的一线教学经验。这就要求必须为用户着想，并尽力和教研中心合作。注意可行性和规范性相结合，核心是平台和资源，用户并不关心云技术。要做出自己的特色，注重如何协作，开展有效互动，开展个性化学习。"③珠海市第一职业中学叶振龙老师认为："课题要结合教师工作实际，以网络平台、继续教育形式开展培训，培训效果会比以往更好。研究目标方面有待明确与细分；研究内容和培训方案、操作模式应作为重要研究对象，方能达到实际培训效能。报告中显示，开发时间很长，应用时间太短，建议延长研究的时间。"

最后，课题组主持人代表课题组成员对三位专家中肯、宝贵的建议表示感谢，表示一定密切联系一线教师、联系学校领导、联系上级教育部门，高质、高效开展课题研究，及时整理研究资料，提炼成果并加以完善与推广。

（四）研究的详细过程

1. 问卷调查（2013年6—7月）

（1）调研对象

课题组挑选了珠海市前山中学83位教师、香洲区第七小学66位教师作为研究对象。在开学初对这两所具有代表性的实验学校进行了问卷调查，得到基本情况（见表3-20）。

表3-20　实验学校参训教师的基本情况

学校	学段	人数	学校概况
珠海市前山中学	初中	83	省一级学校
香洲区第七小学	小学	66	省一级学校

实验学校参训教师人数情况如图3-10所示。

参训人数

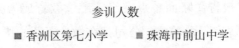

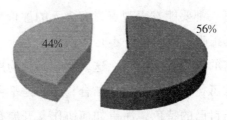

图3-10 实验学校参训教师人数情况

（2）调研方法与内容

本次调研主要围绕这两所实验学校教师教育技术能力展开，采取了问卷调查法、访谈调查法和操作测试法。调查的内容主要包括教师的基本情况、对信息技术应用的熟练程度、对教育技术的认知与期望、教师教育技术能力检测等几个方面。通过"问卷"了解了教师的基本情况、对信息技术应用的熟练程度、教学中使用信息技术的情况、对教育技术培训的认知与期望等。通过"访谈"清楚地了解实验学校对本次开展校本培训工作所持的态度、想法及建议等。通过"操作测试"了解教师目前应用信息技术的实际操作能力。

（3）调研分析

① 教师的基本情况

本课题组成员对参加实验的这两所学校共149名教师进行了"珠海市中小学教师教育技术能力培训调查问卷"（前测）调查。发放问卷149份，回收问卷149份，有效问卷143份，有效率为95.9%。问卷采用选择、填空及简答的方式。参与问卷调查的教师基本情况如下：初中教师占57%，小学教师占43%；职称方面，初级职称占35%，中级职称占39%（多数），高级职称占20%，其他占6%；学历方面，硕士以上占23%，本科占64%，大专占18%。有90.0%以上的教师有参加教师培训的经历，有部分甚至超过三次，说明实验学校教师之前参加的有关教育技术的相关培训比较丰富，这给此次教育技术水平能力培训奠定了基础。

②对信息技术应用的熟练程度

在日常教学中，有31%～48%的教师能够通过百度、Google等常用中文搜索引擎在网络上搜索教学资料并下载与学习；58%的教师会熟练使用Office软件进行教学，但只有18%的教师使用过近年来的热门软件如云盘、硕鼠等；有15%～38%的教师会使用图像、声音、视频编辑软件进行教学素材的加工，但熟练使用这些软件的教师不到10%。教师在教学中使用的课件类型主要以 PowerPoint（PPT）为主，其次是学科软件，如数学的几何画板、化学的NOBOOK虚拟实验室等，对于Flash、FrontPage、Dreamweaver等课件制作软件则很少用到，这说明教师具有使用课件的意识，但课件制作能力还有待提高。

③教学中使用信息技术的情况

73%的教师在教学中喜欢使用教师讲解与学生自主探究相结合的教学方法；78%的教师喜欢用问题启发学生思考的教学方法进行教学；32%～54%的教师喜欢用教师讲授为主、讲练结合的教学方法；49%的教师喜欢用教师讲解与小组合作相结合的教学方法进行教学；23%的教师在课堂中用微课程进行教学，极少数教师懂得制作微课程。这说明实验学校教师应用优质教育资源的意识和能力有待提高，需要创设校本培训环境。

42%~78%的教师会利用网络与同行交流，更新博客或微博、微信；56%～80%的教师会利用网络对学生进行答疑辅导和收发电子邮件；61%～89%的教师会利用网络查找信息和下载资源。这说明教师能够充分利用网络来辅助教学工作。

④对教育技术培训的认知与期望情况

86%的教师希望通过培训学习与网络相关的新知识、新技能，50%～64%的教师希望通过培训更新教育理念和提高教育科研能力，75%～90%的教师希望通过培训提高信息化教学设计能力、掌握常用教学软件使用技巧。这说明实验学校教师迫切需要学习与教育教学相关的信息化教学设计方面和辅助教学软件使用方面的知识，特别是与网络环境相关的新知识与新软件的使用方法。

72%的教师希望通过专家指导下的操作与实践方式进行培训，81%的教师希望通过校内专题沙龙的方式进行培训，54%～83%的教师希望通过案例研讨、观摩研讨、与专家互动解答难题等方式来进行校本培训。可以看出，实验学校教师对采用哪种方式来提升他们应用信息技术进行教学的能力都有自己的看法。此外，个别教师还给培训的方式提出了宝贵的建议，如通过手机微视频方式开展自我研修、同课异构等，表现出积极的参训态度。

⑤教师教育技术能力检测情况

为了更好地了解个案研究中教师教育技术能力的培训效果，得到更准确的分析数据，根据"珠海市中小学教师教育技术能力培训调查问卷"的调查结果，设计了"珠海市中小学教师教育技术能力测试卷（前测）"。本次测试从自主学习信息技术能力、创新应用教育技术能力、利用案例进行综合应用教育技术能力、协作学习教育技术能力、自我总结与反思等多个角度制定考核内容，采用"选择题""操作题""学习感想"三种试题类型，用以对比学员培训前与培训后的教育技术能力变化。

调研结果：本次调查反映了学员希望通过教师教育技术能力培训满足下列三点需要：一是能促进自身教育技术能力发展，能更容易了解新知识，掌握新技能，提高运用技术手段支持教学科研工作的能力。二是能学会如何对所需要的素材资源进行搜索、加工、处理、应用，特别要加强课件和微课程等资源的二次开发能力训练。三是能了解与教学设计相关的概念和理论，应用于教学设计环节，以优化教学过程。

2. 培训教材的设计与开发阶段 (2013年7月—2014年9月)

（1）培训目标的确定

本课题研究的实施是在学校的基础上展开的，带有实用性、开放性和互助性，同时教育技术能力的提升需要长期培训，带有持续性、螺旋性。本课题的实验学校教师教育技术能力培训的学习时间是两个学期。在这两个学期内要完成以下几个方面的目标：一是更新教师应用教育技术的教学理念。内容包括教育技术的概念和理论以及教育技术应用的意义。通过培训学习，引导教师重新认识自身适应现代化教学环境的专业发展方向和教育技术素质，更新教育教学理念。二是提高教师的教育技术能力。内容包括信息技术与学科整合的教学设计方法，教学资源的获取方法，教学资源的选择与加工方法以及教学过程与教学效果的评价方法。三是培养教师的教育技术素养，使教师不仅学会充分利用教育技术进行教学，而且具有终身学习的意识与态度，不断地自我提高和自我完善。

（2）活动的设计

课题组成员经过多次的研讨交流，确定了以下几种活动形式：案例学习、答疑交流、操作练习、设计练习、问题探讨、课例比赛、同课异构。

（3）知识结构的确定

培训教材：《巧用办公软件》《常用软件应用》《图形图像处理》《音频视频制作》《优秀教学课例》的知识结构。

（4）分工与开发

确定教材开发小组分工任务，分小组开发相关培训教材。

① 巧用办公软件（负责人：万菲、伍文庄）

第一章：Word使用方法；第二章：Excel使用方法；第三章：PPT使用技巧及综合制作

② 图形图像处理（负责人：沈松发、索芳）

第一章：图像获取；第二章：图像处理；第三章：图像加工与合成

③ 音频视频制作（负责人：何斌、代毅）

第一章：音频录制与编辑；第二章：视频下载与编辑；第三章：绘声绘影应用

④ 常用软件技巧（负责人：唐筱璐、林海国）

第一章：计算机操作常用技巧；第二章：网络应用常用软件；第三章：课件制作常用技巧

3. 培训平台设计与开发阶段　(2013年7月—2014年9月)

（1）课题研究人员分工

① 平台开发负责人：何斌。

② 测试学校负责人：伍文庄（珠海市前山中学）、郗晓丽（香洲区第七小学）。

③ 平台功能指导：曾君（香洲区教育科研培训中心师训部）。

（2）平台设计

① 门户：功能包括统一登录、最新通知及新闻动态、助学教员介绍、培训课程、题库管理、作业管理、测验管理、评价量规管理等。

② 学员学习子系统：功能包括个人信息管理、管理员通知查看、课程内容浏览、提交作业、提交测验、互助交流、查看学习成绩等。

③ 教员辅导子系统：功能包括个人信息管理、培训通知查看、助学课程列表、课程内容浏览、作业批改、作业管理、测验批改、互助交流等。

（3）平台开发

① 教师专业发展平台主功能。

② 学员学习子系统。

③ 教员助学子系统。

④ 系统管理子系统。

⑤ 与"粤教云"服务平台的衔接。

4. 培训实施阶段(2014年10月—2015年8月)

为了验证珠海市中小学教师教育技术能力培训教材的实用性、平台的有效性及培训运行机制的持续性，本课题采取个案研究的方法，在珠海市两所实验学校实施教育技术能力培训活动。

（1）实验对象

平台设计之后需要试运行和进一步修改完善，这是平台开发与应用研究的一个重要阶段。本课题的研究选择了珠海市前山中学83位教师、香洲区第七小学66位教师作为实验对象，在这两所具有代表性的学校进行了平台试用（见表3-21）。

表3-21 实验学校情况

学校	学段	学校概况	教师概况
珠海市前山中学	初中	省一级学校	老中青教师的比例比较均衡
香洲区第七小学	小学	省一级学校	7年教龄以下教师的比例达45%

（2）培训组织

实验学校在珠海市教育局、香洲区教育科研培训中心的支持下，成立了以香洲区师训部为带动人的校本培训组织。主要成员包括珠海市教育局装备和信息中心主任、香洲区教育科研培训中心师训部成员、区学科教研员、学校管理人员、市区学科骨干教师和学校实验教师。其中，珠海市教育装备和信息中心主任、香洲区师训部成员负责指导与监管校本培训的各项活动，并及时收集广大教师对培训的反映。香洲区学科教研员、实验学校校长、实验学校管理人员具有较强的组织能力和沟通能力，负责协调培训组织并掌握本校教师的培训需求，促进校本培训工作的顺利展开。市区学科骨干教师具有丰富的教育资源和开发经验、培训经验、实践经验，并且具有较强的研究能力，负责培训教材设计与开发及培训平台设计与开发、培训实施工作。实验学校科组长、备课组长、骨干教师具有较强的学习能力和一定的管理经验，负责培训方案的制订，辅助培训实施，收集并上传培训反馈意见。实验学校参训教师具有一定的校本研究经验和专业发展需求、教学需求，负责研究调查、培训学习、课堂实践、评价反馈等实践工作。

（3）培训内容的确定

由于是第一次开展培训实践活动，为得到更多、更准确的研究数据，本次培训采用全校统一教材的方式展开。培训前，向教师们介绍培训教材，由参训教师自由选择学习意向。在统计教师们的选择数据后，确定在实验学校推行的培训教材。

经研究确定实验学校第一学期实施培训课程"巧用办公软件"。范围包括：第一章：Word使用方法；第二章：Excel使用方法；第三章：PPT使用技巧及综合制作。第二学期实施培训课程"常用软件技巧"：第一章：计算机操作常用技巧；第二章：网络应用常用软件；第三章：课件制作常用技巧。后期补充学习教材有：电子白板的应用、微课的设计与制作。

考虑学校的整体发展与未来发展，在后续的培训学习中将采用循序渐进与分支学习相组合的方式。评价结果不理想的教师可循序渐进，重新学习已完善修改过的教材，其他教师可自主选择任一种已开发的教材进行学习。每经一轮培训学习，课程设计人员在得到培训实践的反馈意见及整理优秀课例后，将根据教师发展的需求重新调整、修改与完善已编写的教材，使得教材内容贴近教学一线，跟上教师发展的需求。这样的教材才有生命力，教师教育技术能力的发展才有持续性。

（4）培训模式的创建

创建了校本特色培训模式：教师根据教学实践需求自主选择培训课程→培训学习→应用所学知识进行课堂实践→在实践过程中进行自我反思与能力提升→根据已提高的教育技术能力重新选择新的培训课程（见图3-11）。

一个周期后，根据教师的培训情况，收集和分析反馈意见，对已有课程进行微调整和微补充，螺旋式开发满足教师教育教学需求的教育技术能力培训课程。学员通过课程培训检测后，将获得相对应的继续教育学时与平台积分，在下一个培训周期中，根据平台积分和教学教研需求，以个人、集备小组、学校整体等多种形式重新申请新的培训课程。如此循序渐进地参与教育技术能力校本培训。

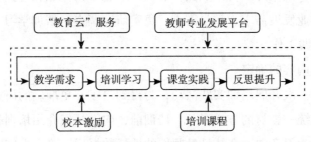

图3-11　教育技术能力校本特色培训模式

（5）培训活动的实施（见表3-22）

表3-22　培训活动实施明细

时间	活动内容
2014年8月	课题组成员代毅做专题讲座"信息时代下中小学课堂的结构性变革"
2014年8月	课题主持人伍文庄面向珠海市信息技术教师做全员培训讲座"激发内在动力焕发课堂活力"
2014年9月	邀请了北京东方中原教育科技有限公司杨兴莉老师做专题讲座"电子白板应用于学科教学的技巧"
2014年9月	课题组成员刘忠做专题讲座"巧用'电子白板'演绎精彩课堂"
2014年12月	课题组成员代毅面向实验学校教师做专题讲座"微课的现状与发展趋势"
2014年12月	课题组成员何斌面向实验学校教师做专题讲座"微课的设计与制作"
2015年7月	课题主持人伍文庄面向香洲区中小学教师500多人主讲了讲座"优质数字教育资源与学科的有效融合"
2015年8月	课题主持人伍文庄面向珠海市信息技术教师做专题讲座"'精彩源于生活'案例分析"
2015年8月	课题组成员索芳老师做专题发言"基于游戏情境化教学策略的案例探析"

① 2014年9月30日，课题组与实验学校共同制订学习方案，并向香洲区教科培申请学时。

② 2014年10月8日，实验学校教师登录学习网站进行注册。课题组完成"提高教师教育技术能力"培训说明，并由实验学校教研室发放给参训教师。

③ 2014年10月9—30日，实验学校教师开展远程培训学习。在学习教程规定的时间内，教师可以利用课余时间，登录"教师专业发展平台"自主、有效地学习《巧用办公软件》或《常用软件技巧》等教材。学校为每一位教师配备独立的台式电脑，实验学校教师可以通过平板电脑、智能手机上网。多元化的通信设备为教师开展自主学习提供了良好的网络学习环境，保障培训的可行性。此外，"教师专业发展平台"可以让教师自主调整教材资源库里知识的学习顺序开展学习，并随时将所学知识应用于日常教学活动中，进行实践操作，提高了培训的实用性。

④ 2014年10月30日前，教师必须在教材规定的学习时间内完成所有的学习任务，上交相对应的作业和测试作品，保证培训的规范性和实效性。

⑤ 专题讲座和专项培训。培训实施期间，实验学校结合学校教研工作安排，恰当地选择合适时间开展专题讲座和报告会，让教师通过专题讲座、报告、观看视频资料等形式，学习教育技术概念及理论，重点学习全国中小学教师教育技术水平考试（初级）考纲的基本知识。在培训阶段，做好培训方案，严格考勤，详细记录会议内容，加强理解与分析，对其中的内容进行讨论并总结，记录自己的心得体会。

此外，课题实验学校教师参加了2014年"粤教云"创新助力专项培训会；2015年成立"智慧校园 智慧课堂 创意未来"——珠海市"粤教云"专项培训班；2015年4月，课题组成员郗晓丽老师、周寿庆老师开展的"电子白板使用"交流会；等等。

⑥ 课堂观摩与案例分析。实验学校以备课组为单位，每周开展一次课堂观摩或案例教学分析沙龙活动。在培训前，要求教师做好专题发言准备，明确本次活动的主题，准备相对应的课例资源。在培训学习的过程中，要求每一位教师仔细观看资料并做好详细的记录，经过分析、讨论，最后写出自己的学习体会与心得，或对相同案例进行重新设计，以进一步提高教师教育技术能力和教学设计水平。

培训期间，实验学校共开展了30节案例分析、18节课堂观摩活动。如2014年12月30日，香洲区第七小学郑海云老师开展了"粤教云"英语教学实验观摩课，丰富了教师教育技术培训的形式，开阔了教师的视野，拓宽了教师相互交流的平台，促进教师开展教学实践的深入反思。

⑦ 校本研究与协作学习。校本培训具有自主性、选择性和实效性的特点，为了促进教师专业化发展，努力培养教师提高教育技术能力的意识和营造可持续发展的良好培训氛围。实施培训前，根据实验学校教师的计算机能力和教育技术能力的综合水平，成立师徒式帮扶学习小组、结伴式同伴学习小组，一个师傅可以带一个或多个徒弟，进而提高教师的学习效率，并做好每次学习的记录。

在培训过程中，鼓励参训教师围绕"教育技术能力培养"主题，结合学科教学实际，开展校本研究19项。通过小课题研究的方式，更能促进教师深入研究教育技术能力的积极性与持续性，营造浓厚的科研氛围。

⑧ 组织教学竞赛活动。实验学校结合培训内容，组织了多种竞赛活动。如2014年11月举办的以"教学与教育技术的深度融合"为主题的青年教师课堂教学比武，2014年12月举办的微课制作比赛，2015年3—5月举办的同课异构比赛、优质课比赛等活动。

形式多样的教学竞赛活动，不仅激发了教师的学习热情和参与培训的积极性，而且真实地检验了教师应用教育技术于课堂教学的能力。

（6）培训评价的设置

培训过程中采取严格的考核制度，采用过程性评价和终结性评价相结合的评价方式，过程性评价占40%，终结性评价占60%。合理设计人工评价与平台自动评价量规，不增加教员的负担，保证培训工作的实用性和持续性，把考核的过程当作给学员提供展示教学实践成果、畅谈自己的教学经验和教学反思的舞台。为了促进培训评价的开放性、公平性，在过程性评价考核中加入学员学习作业完成情况、帮助同伴情况、发表文章情况等参考因素。

（7）培训效果的分析

① 调查基本情况。为了了解个案研究中教师教育技术能力培训的应用效果，深入分析培训效果，让学员在参加行动研究实验前进行前测，在实验后进行后测。参与测试的学员为两所实验学校的149名教师，测试试卷有教师教育技

术能力考核测试卷（前测）、培训测试卷（后测）。

本次测试是根据个案中采取的培训目标制定的，从自主学习信息技术能力、创新应用教育技术能力、利用案例进行综合应用教育技术能力、协作学习教育技术能力、自我总结与反思等多个角度制定考核内容，采用选择题、操作题、学习心得等试题类型。

在前测与后测的体例中，均采用相同的知识结构：一是选择题。3部分教育技术理论题（45分），其中4道Word知识题、4道Excel知识题、4道PowerPoint知识题。二是操作题。设置了4个项目，即教学设计（10分）、资源设计（10分）、教学管理（10分）、教学评价（10分）。这4个操作题项目均以教育教学为基础，整合Word知识、Excel知识、PowerPoint知识。三是学习感想。结合学习过程，谈谈自己对教育技术能力的认识、心得体会、想法建议等。

前测与后测的难度系数相似，用以对比学员培训前与培训后的教育技术能力变化，起到检测学员学习效果的作用（见表3-23）。

表3-23   "珠海市中小学教师教育技术能力测试卷"体例

题型	内容结构	分值
选择题	3部分教育技术理论题：4道Word知识题、4道Excel知识题、4道PowerPoint知识题	45分
操作题	以教育教学为基础，整合信息技术知识，设计四种类型操作题，即教学设计类、资源设计类、教学管理类、教学评价类	40分
学习感想	结合学习过程，谈谈对教育技术能力的认识、心得体会、想法建议等	15分

② 珠海市前山中学的检测与分析。珠海市前山中学的83名教师参与实验，课题组让学员在参加教师教育技术能力培训前进行前测，在实验后进行后测，用软件IBM SPSS Statistics V19.0分析两次测试成绩之间的差异。

分析结果显示，83名教师参加行动研究前，教育技术应用能力测试和实践测试成绩的平均分为76.42，参加基于中小学教师教育技术能力培训的课程学习研修后，平均分为88.47，显著性概率Sig.为0.000。当显著性概率小于0.05时，认为配对样本之间存在显著差异，即后测与前测之间存在显著差异，证明参与中小学教师教育技术能力培训，能够使珠海市前山中学教师的教育技术应用能力显著提高。

③ 香洲区第七小学的检测与分析。香洲区第七小学的66名教师参与实验，课题组让学员在参加研究实验前进行前测，在实验后进行后测，用软件IBM SPSS Statistics V19.0分析两次测试成绩之间的差异。

分析结果显示，66名教师参加研究实验前，教育技术应用能力测试和实践测试成绩的平均分为72.83，参加中小学教师教育技术能力培训后，平均分为82.06，显著性概率Sig.为0.000。当显著性概率小于0.05时，认为配对样本之间存在显著差异，即后测与前测之间存在显著差异，证明参与中小学教师教育技术能力培训，能够使香洲区第七小学教师的教育技术应用能力显著提高。

④ 培训效果小结。根据上述数据分析结果，可以得出如下结论：在个案中基于中小学教师教育技术能力的培训对学员自主学习信息技术能力、创新应用教育技术能力、综合应用教育技术的意识与能力、协作学习教育技术的意识与能力、自我总结与反思的意识与能力都起到了很好的提升作用。

（五）结题阶段（2016年1月）

2016年1月21日下午，伍文庄老师主持的广东省教育科研"十二五"规划2012年度信息技术专项研究课题"'教育云'服务下中小学教师教育技术能力可持续发展的研究——以'珠海市中小学教师专业发展平台'为例"在前山中学综合楼三楼会议室顺利召开了结题会议。结题评审专家有珠海市教育研究中心教育科学研究室刘文军老师、珠海市信息技术教研员魏小山老师、珠海市教育局德育科李东生老师、珠海市教育局装备和信息中心主任代毅老师、珠海市香洲区信息技术教研员林海国老师。另外，课题组成员以及青年教师共20余人参加了结题报告会。

八、研究成果及今后设想

1. 研究结论

本课题以教师专业素养理论和成人教育理论作为理论依据，从教育技术能力校本培训运行机制的角度出发，对珠海市前山中学和香洲区第七小学两所学校的培训人员、受训人员、培训环境、培训内容、培训机制等进行了深入研究。设计开发了贴近教学一线的教育技术培训教材和培训平台,通过"教师专业发展平台"与"粤教云"服务云平台共同提升教师教育技术能力。现对课题的主要研究工作做以下总结:

(1)满足教师教学需求,提高了教师培训的实用性与高效性

本课题组从学校的教学实际需求出发,充分调动学校各部门相互协作,调动了学科教师的学习积极性,解决了一线教师在教育技术应用中存在的疑惑及难点,开发设计了满足一线教师的教学困惑需求和自身提高需求的网络教程。教师们在学习过程中可以立即将所学知识应用于教育教学中,也可以寻找教学帮助,还可以与学科教师一起研讨,互相帮助,共同进步。

(2)丰富了校本培训的内涵,充分激发了教师参加培训的积极性与持续性

本课题组为了使中小学教师教育技术能力培训工作切实有效地开展,创建校本特色培训模式来保证教师教育技术能力的可持续发展。学员可根据教学实践需求自主选择培训课程进行培训学习,应用所学知识进行课堂实践,在实践过程中进行自我反思与能力提升,再根据已提高的教育技术能力重新选择新的培训课程。这种螺旋式、循序渐进式的培训模式有效增强了学员参加培训的持续性。此外,通过课程培训检测后,教师将获得相对应的继续教育学时,从而激发教师继续参与培训的动力,激励教师自我充实、自我成长、自我提高和自我完善,大大提高了培训的积极性。

(3)提高了教师的教育技术能力,更新了教师的教育教学观念

"教师专业发展平台",使培训学员通过网络学习、参与教学活动、互动交流成为可能。通过综合活动,提高教师之间的协作学习,提高了大多数教师的教育技术能力。通过"粤教云"服务平台支撑下的海量教学资源、优秀教学课例,学员能及时把所学知识应用于课堂教学中,更快地更新教育教学理念;通过自主学习或团队协作学习,学员能更好地探索云端,结合教学内容、教学模式和学习方式的创新与变革,把教育技术与学科教学整合起来。

2. 研究成果

(1)课题组成员发表论文18篇,其中获奖论文有7篇(见表3-24)。

表3-24 课题组成员发表论文明细

论文发表类					
序号	时间	刊物或单位	作品名称	作者	字数	发表或获奖情况
1	2012年6月	广东教育学会	小学信息技术课堂的合作学习实施策略	唐筱璐	3919	省级一等奖
2	2012年11月	中央电化教育馆	给信息技术课堂来场"网络秀"	伍文庄	4771	国家级二等奖
3	2012年12月	广东省教育技术中心	以信息技术为依托，推进信息技术网络课程建设	伍文庄	4849	省级三等奖
4	2013年11月	中央电化教育馆	师生共谱"激励"乐章——中学信息技术课堂激励机制实践研究	伍文庄	6842	国家级优秀奖
5	2013年11月	珠海市教育学会	基于Moodle的课堂教学案例研究	唐筱璐	3900	省级二等奖
6	2014年2月	《教育信息技术》（ISSN1671-3176）	云环境下互动教学区域化应用研究	张伟铭代毅	4316	发表
7	2014年2月	《教育信息技术》（ISSN1671-3176）	基于Moodle平台的小学信息技术学习评价探讨	周寿庆代毅	6252	发表
8	2014年5月	《中国教育信息化》（ISSN 1673-8454）	教育视频、点播视频格式转换技术的研究	代毅高冠男	6073	发表
9	2014年5月	《软件导刊·教育技术》	云服务环境教育信息化对教育现代化的影响研究	何斌	8142	发表
10	2014年6月	广东教育学会	基于粤教云环境下数学教材互动教学实验探究	周寿庆	7243	省级三等奖
11	2014年8月	《中国教育信息化》（ISSN 1673-8454）	"粤教云"——珠海实验区的建设路径与发展策略	何斌	7118	发表

续 表

论文发表类						
序号	时间	刊物或单位	作品名称	作者	字数	发表或获奖情况
12	2014年8月	《教育信息技术》（ISSN1671-3176）	小学信息技术中翻转课堂教学模式的构建和实施应用	莫雪芬 代毅	54825	发表
13	2014年9月	《现代教育技术》（ISSN1009-8097）	云媒体下教师信息技术培训平台和应用模式研究	代毅等	5000	发表
14	2014年9月	《教育信息技术》（ISSN1671-3176）	"粤教云"环境下数字教材的应用研究	陈俊盛 代毅	5037	发表
15	2014年11月	《教育信息技术》（ISSN1671-3176）	基于"教育云+校本化"环境下的教师教育技术能力培训研究	伍文庄	5784	发表
16	2014年11月	《教育信息技术》（ISSN1671-3176）	教育视频云服务中实时视频流接入技术探索	任光杰 代毅	4000	发表
17	2015年4月	《课程教育研究》	论初中信息技术课堂教学效果的提升策略	沈松发	2503	发表
18	2015年11月	广东省教育技术中心	创新"云+校"特色的教师教育技术培训模式	伍文庄	5628	省级二等奖

（2）课题组成员成功举办了市区级专题讲座9场（见表3-25）。

表3-25 课题组成员成功举办的市区级专题讲座明细

序号	时间	培训对象	讲座名称	作者	级别
1	2014年3月	香洲区第七小学全体教师	微课制作技巧及教学中的应用	郗晓丽 周寿庆	校级
2	2014年8月	珠海市信息技术教师	信息时代下中小学课堂的结构性变革	代毅	市级

序号	时间	培训对象	讲座名称	作者	级别
3	2014年 9月	珠海市前山中学全体教师	巧用"电子白板"演绎精彩课堂	刘忠	校级
4	2014年 12月	珠海市前山中学全体教师	信息时代下中小学课堂的结构性变革	代毅	校级
5	2014年 12月	珠海市前山中学全体教师	微课的设计与制作	何斌	校级
6	2015年 2月	珠海市信息技术教师	激发内在动力焕发课堂活力	伍文庄	市级
7	2015年 4月	香洲区第七小学全体教师	电子白板使用	郗晓丽 周寿庆	校级
8	2015年 7月	香洲区中小学教师（约500人）	优质数字教育资源与学科的有效融合	伍文庄	区级
9	2015年 8月	珠海市信息技术教师	"精彩源于生活"案例分析	伍文庄	市级

（3）课题组成员有12个课例获奖（见表3-26）。

表3-26 课题组成员课例获奖明细

序号	时间	单位	作品名称	作者	发表或获奖情况
1	2012年 6月	广东教育学会	争当小导游——编辑景点的图文资料	唐筱璐	省级三等奖
2	2013年 6月	广东教育学会	引导层动画制作	伍文庄	省级一等奖
3	2013年 10月	中央电化教育馆	我是小小动画师	索芳	国家级优秀奖
4	2013年 11月	中央电化教育馆	我心飞翔——动作补间动画制作	伍文庄	国家级三等奖
5	2014年 2月	珠海市教育局	马戏盛会·欢乐珠海	周寿庆	市级一等奖
6	2014年 6月	广东教育学会	飞行故事——设置动作路径	伍文庄	省级一等奖

序号	时间	单位	作品名称	作者	发表或获奖情况
7	2015年3月	珠海市教研中心	我是小小魔法师	周寿庆	市级一等奖
8	2015年6月	广东教育学会	动感文字——动作补间动画制作	伍文庄	省级一等奖
9	2015年6月	广东教育学会	骑行绿道·健康生活——用电子表格自动计算	伍文庄	省级二等奖
10	2015年6月	广东省创新杯教学设计说课比赛	有礼走天下——信息产品营销活动中的营销礼仪	万菲	省级二等奖
11	2015年8月	珠海市教育局	用电子表格自动计算	伍文庄	市级一等奖
12	2015年8月	珠海市教育局	夺宝奇兵之数据的排序与筛选	索芳	市级二等奖

（4）实验学校珠海市前山中学教师获奖情况。

① 2014—2016年间，开展了校级公开课75节。

② 教师参加2015年广东省计算机教育软件评审活动，获省一等奖2个、省二等奖3个、省三等奖3个、省优秀奖8个。

③ 在"2014年一师一优课"活动中，学校共有18节参赛课例。其中，入围部级课例的有2节，获市一等奖的有3节，获市二等奖的有3节，获区一等奖的有6节，获区二等奖的有12节。

④ 在教育部、中央电教馆主办的第十九届全国教育教学信息化交流展示活动中，学校英语科组周万乐老师的参赛课例喜获全国一等奖，刷新了学校英语科组的获奖最高纪录。

⑤ 在珠海市2014—2015学年各级中小学微课评选活动中，学校共有14节微课获奖。其中，获市一等奖的有1项，获市二等奖的有1项，获市三等奖的有4项，获区一等奖的有3项，获区二等奖的有5项。

（5）实验学校香洲七小教师获奖情况。香洲七小信息技术教研组先后两次获珠海市优秀教研组称号，获香洲区网站评比一等奖。其中彭可柯老师先后获广东省小学信息技术教学一等奖、第四届全国小学信息技术优质课一等奖。

"一师一优课"活动中，各学科参赛课例获市一等奖1节、二等奖10节，获区二等奖10节。其中，张文岑老师的课例通过省里送全国参评。

（6）丰富"粤教云"教师培训资源库。产生了一大批优秀教学课例、教学设计、微课视频、电子白板展示课、一师一优课获奖课例、已开发的5门培训课程、优秀课例集、专题讲座资源、学习心得等宝贵的教学资源，丰富了"粤教云"平台的资源库。

3. 创新之处

（1）开发出贴近一线教师教学实际的培训教程

从学校的教学实际需求出发，以解决一线教师在教育技术应用中存在的疑惑及难点为出发点，开发满足一线教师信息技术能力发展需求的网络培训教程。创新性地设计出在新的"云服务"环境下与培训内容相配套的微视频教程，并对视频教程进行优化、微型化等技术处理，使培训内容更适合不同基础的教师网上自主选择、自主调整、自主学习。

（2）创设"校本化"的教师培训形式

本课题充分考虑教师专业发展需要，将教师教育技术能力培养与继续教育培训有机结合起来，采用继续教育学时与平台积分相结合的激励机制激发教师自主学习。"校本化"保证了教师在培训氛围、培训内容、培训时间、培训地点上的自主性，满足了现代教师的教学需求，适应现代教育信息化发展的要求。这一校本培训模式得到了广大教师的欢迎与积极参与，也为研究教师教育技术能力发展提供了新思路。

（3）开发支持教师持续发展的培训平台

在"教育云"环境下设计并开发具有远程教学、互动交流、综合评价、学习检测、结果统计等功能的网络培训平台。培训平台由以前的以资源为核心向以学员为核心的自主式、互动式、协助式服务转变，把教育技术与学科教学充分地整合起来，适应现代教师教育技术能力发展需求，实现教育资源的合理有效利用。

4. 研究成果推广和社会效益

随着时代的发展，教师的培训内容、方式、组织结构也要与时俱进。本课题在两所学校共15个学科中进行了实践研究，且取得了不错的成果。研究过程中，与市、区兄弟学校定期开展教师公开课、展示课等交流与研讨活动；积极参与全国、省、市、区的各类教育教学比赛，使实验学校教师的参赛得奖率及得奖质量得到很大程度的提升；课题组成员的专题讲座得到了市区广大教师的积极参与，课题研究活动得到省、市、区教育部门专家和领导的重视与多次指导。研究过程中所产生的一大批优秀教学课例、教学设计、微课视频、电子白板展示课、一师一优课获奖课例、已开发的培训课程（5门）、优秀课例集、专题讲座资源等宝贵的教学资源，极大地丰富了"粤教云"平台的资源库；本课题组所开发的培训课程已被珠海市电视大学录用，录入该校的教学资源库中，优质的学习资源得到了电视大学培训人员的认可。

第四篇

有得篇

在我看来，真正的教育始于一个人为理想所鼓舞，能认清自己，思考自己生活的意义和目的，审视自己是一个什么人和应当成为一个什么人。

——苏霍姆林斯基

教育论著

二十五年的教学生涯，除了提升我的教学水平，还点燃了我的教研热情。在十多个课题的研究过程中，我及时反思，撰写论文，编写教材。作为主编，或副主编，或主要参与人员，我编写了教育教学专著7本，并已由广东教育出版社出版，其中3本在全省公开发行。

2015年起，我带领研究团队结合信息技术和区域文化特色，开发了珠海市精品课程"乘Scratch号列车认识百年香洲"。2018年8月，在珠海市档案局、珠海市前山中学、广东省教育研究院信息技术学科教研员要志东老师和广东省教

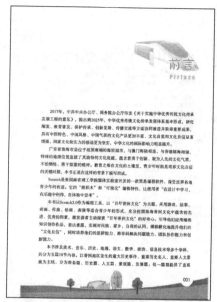

图4-1 珠海市精品课程《乘Scratch号列车认识百年香洲》封面及前言

育技术中心林君芬博士的大力支持下，经过三年的汗水与心血，我主编的教材《乘Scratch号列车认识百年香洲》（ISBN 978-7-5548-2474-0）（见图4-1）终于由广东教育出版社出版了。全书共238页，305千字。此书已在省内外多所实验学校推广，获得同行与学生的高度赞赏，并作为珠海市香洲区信息技术学科的教师培训用书。

随着课程改革的深入，评价改革已成为新课程实验的关键。2006年起，作为广东省教育厅粤教版普通高中教材光盘研制组专家成员、广东省中小学教师信息技术应用能力提升工程专家库成员，遵循《普通高中信息技术课程标准》和《广东省普通高中学生信息技术等级考试指导纲要》的要求，主编或参编了系列教材《普通高中信息技术等级考试指导 多媒体技术应用》（见图4-2）、《信息技术精品课（必修）信息技术基础》、《普通高中新课程信息技术教学与评价指导》、《信息技术基础活动课必修》（第一版），并在广东省公开发行。

图4-2 《普通高中信息技术等级考试指导 多媒体技术应用》封面及前言

教学论文

"任务驱动"教学法初探

在信息技术学科的传统教学过程中，通常先将教学内容中有关的理论知识一一作细致介绍，然后再介绍如何运用这些基础知识。在学习基础知识时，学生会觉得学习内容比较抽象、难懂，教学方式单调，因而缺乏耐心和兴趣，不能做到专心听课。当教师介绍如何运用这些基础知识时，他们虽然被屏幕上丰富多彩的图像吸引住，但由于没有掌握有关的基础知识，只能有心无力，难以完成教师要求的练习。

这种传统的教学方法不能真正达到信息化教育中信息技术学科的教育目的，这就要求我们的教学必须正确处理"教师主导"与"学生主体"的辩证关系，重视发挥教师和学生双方的主动性，改革教学方法，提高教学质量。

一、"任务驱动"教学法的提出

"任务驱动"教学法是一种建立在建构主义教学理论基础上的教学方法。适用于教学操作类的知识和技能，尤其适用于教学信息技术应用方面的知识和技能。有些人把它称为"单刀直入法"或"黑箱方法"。"任务驱动"教学法符合信息技术的层次性和实用性要求。学生可以由浅入深，由表及里，逐步精益求精地学习信息技术知识和技能。在接触一个新的知识点时，可以先知其然，而暂不深究其所以然，在学习后面的相关知识时及时复习前面学习过的知识点，这样不仅能前后联系，加深认识和理解，而且可收到事半功倍的效果。信息技术学科是一门与现实生活联系非常紧密的学科，教师在进行教学设计时，可将学生身边的实际问题设计成"任务"，交给学生去完成，激发学生的兴趣，培养学生处理实际问题的能力。

二、"任务驱动"教学法的开展

1. 操作方法

（1）精选任务，充分考虑。这是"任务驱动"教学法的关键部分，要求教师对教材的内容在深度、广度、难度上合理把握，还要兼顾学生的层次性、教学内容的发展性等因素。在保证学生主体地位的前提下，要精心设计阶段性任务、单元性任务、课时性任务，并使之具有层次性、综合性、启发性和创造性的特点。

（2）创设情境，明确目标。这是"任务驱动"教学法的起始环节。教师可采用启发讲解、以旧引新、设疑激趣等方式，激起学生学习动机，引导学生发现问题。

（3）组织研讨，尝试解决。这是"任务驱动"教学法的核心部分，是学生自主学习阶段。学生在明确任务后，与教师、同学进行多边共同研讨，尝试解决问题，完成任务。此时，教师还应发挥教师的主导作用，有针对性地指导学生围绕任务进行阅读、思考、实践、尝试等，让学生体验自主学习的乐趣。

（4）总结应用，引导实践。对于学生存在的共同问题，教师还要组织学生互相交流，对探索过程中产生的结论进行归纳总结，并将探索归纳出的新知识、新方法进行实践，解决实际问题。在教师的精心设计下，学生在解决新问题时会遇到新的任务、新的目标。随着一个个任务的完成，学生在获得一个个成就感的同时掌握了信息技术知识和技能（见图4-3）。

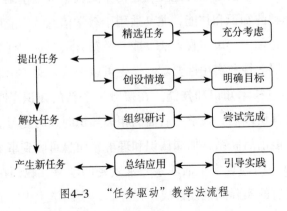

图4-3 "任务驱动"教学法流程

2. 方法实施

在中学计算机教学中，Windows 系统下的文字处理软件Word、绘图软件画图等是计算机课程的重要组成部分。

（1）在教学文字处理软件时，传统的教学方式是教师在将Word的字体、字形、字号、文字颜色的使用方法一一作详细介绍后，让学生编辑一篇文章。在这种方式下，教师讲解时间长，学生练习时间少，学生的主体地位没有得到体现。教师讲解完后，再让学生编辑文章，部分学生已记不清教师介绍过的工具的使用方法了，这样编辑出来的文章就会大打折扣。然而运用"任务驱动法"进行课堂教学，可根据教学目标，精心设计两篇短文：一篇包含所有的知识点；另一篇是没有设计文字格式的原文。上课时，学生立刻被这篇色彩鲜明的短文所吸引，并为自己能够亲自制作一篇短文而兴奋，这样就充分调动了学生的积极性。然后让学生打开已经准备好的原文，让学生通过阅读、思考、讨论、交流等方式在规定的时间内分析问题，尝试解决问题，完成任务。教师要根据学生的实际活动情况，有针对性地指导学生。最后让已完成任务的学生设计另一篇准备好的原文文字格式，未完成任务的学生继续完成任务。学生通过亲自动手、模仿，在完成任务的过程中更加深刻地理解这些工具的功能，更加熟练地掌握这些工具的使用技巧。这种教学方式可以使基础好的学生得到进一步的发展，使基础差的学生能掌握基本的知识，让学生在多边共同研讨活动中迸发出灵感的火花，尝到成功完成任务的喜悦。

（2）在进行画图教学时，传统的教学方式是以线性方式展开教学。教师花几个课时全面介绍画图的一个个工具，然后让学生练习使用这些工具。几个课时过去了，学生还不能够解决一个具体的问题、完成一个具体的任务，学生会觉得难以理解教学内容，更谈不上学习兴趣了。我尝试使用"任务驱动"教学法将这些工具分为三大类：编辑类、颜色类、修饰类。编辑类包括铅笔、文字、直线、曲线、矩形、多边形、圆形、圆角矩形。颜色类包括取色、填充、喷涂、刷子。其他的工具为修饰类。例如，在讲授编辑类工具和部分修饰类工具课程时，我综合运用这些工具精心设计出一幅幅图画，即一个个任务，让学生在预定时间内尝试完成这些图画。然后我再根据学生普遍存在的问题有侧重地介绍工具，让已完成任务的学生为这些图画填色，并运用这些工具，自由创造自己的图画，从而培养了学生的自学能力和创新精神。让未完成任务的学生继续完成任务，教师辅导有需要的学生。这种多面性、多角度的任务式教学方式，使教师讲解时间变少、学生实践时间变多，充分调动学生的学习积极性，拓宽学生的思维空间，发挥"任务驱动"教学法的优势。

三、"任务驱动"教学法的成效

1. 数据分析

在实施"任务驱动"教学法完成以下几个教学单元内容后，对实验班和参照班完成任务达标率进行对比（见表4-1）。

表4-1　实验班和参照班完成任务达标率

参数	画图		文字		表格		版式设计	
	实验班	参照班	实验班	参照班	实验班	参照班	实验班	参照班
总人数	109	54	54	109	98	99	99	98
出色完成人数	77	16	38	34	32	17	57	36
基本完成人数	28	31	16	67	60	68	40	55
未完成人数	4	7	0	8	6	14	2	7
达标率（%）	96.3	87.0	100.0	92.7	92.9	85.9	98.0	92.0

2. 初步分析结论

（1）从所得数据看，对于能出色完成任务的学生，实验班占全体学生比例较参照班多些；实验班中出现全部学生能完成任务（文字），参照班中基本完成任务的学生居多，全体学生在对知识的掌握上呈"两头尖，中间多"的情况；实验班中部分学生从"基本完成"提高到"出色完成"，这一部分学生占的比例较多；实验班中部分学生从"未完成"提高到"基本完成"，这一部分学生所占比例相对少一些。这说明"任务驱动"教学法对中层学生的影响较大。

（2）从教学内容来看，对于理论知识偏多的教学内容，实验班与参照班的达标率相差幅度稍小些。对于操作性强、理论知识偏少的教学内容，实验班与参照班的达标率相差幅度稍大，也就是"任务驱动"教学法在操作类知识的学习上更有优势。

3."任务驱动"教学法的成效

（1）实施"任务驱动"教学法进行教学后，学生对知识技能的掌握有了明显的提高，有更多学生能出色完成任务。学生在接受知识的敏锐性、构建知识的系统性、迁移知识的灵活性方面均有一定程度的提高。

（2）通过实施"任务驱动"教学法进行教学，增强了学生的探索精神。学生明白只有勤于实践、敢于动手，才能在实践中获取知识和经验。只有经常实践，才能将知识牢固地掌握、深刻地理解，才能更灵活地运用知识技能去解决实际问题。

（3）通过实施"任务驱动"教学法进行教学，培养了学生的顽强意志。在完成任务的过程中，学生可以掌握学习的一些规律。掌握信息技术知识和技能需要一个过程，需要有锲而不舍的精神；要全面、深刻地理解并掌握信息技术知识就需要反复练习；要善于将正在学习的知识与相关知识关联，加深认识和理解。

（4）通过实施"任务驱动"教学法进行教学，锻炼了学生的合作精神和沟通能力。在学习过程中，学生之间彼此合作和交互，根据其他同学的观点来检验和修正自己的观点。这种认知的重建促进了学生高层次的思维，使学生对教学内容产生了更深一层的认识，逐步形成自己的学习方式，培养了自学能力。此外，学生在学习过程中不停地进行角色的变换，一会儿是提问者，一会儿是回答者，一会儿是帮助者，一会儿是评价者。角色变换训练了学生的合作技巧、沟通能力，对学生在社会上与朋友、家人和睦相处以及未来工作均有非常重要的作用。

四、实施"任务驱动"教学法时应注意的问题

1. 在教学评价上

计算机学科具有多样性、复杂性、求异性的特点，我们不能以传统的标准去评价学生完成的任务，计算机教学的评价标准应具有多样性。例如，在学生完成按要求设计的短文后，我们不应只是主观地打个分数来评价学生的作品，而是应将学生的作品展示出来，让学生自己评比，看谁的作品最受欢迎。这种方式既可以提高学生运用计算机知识的能力和审美能力，又可以客观地评价学生完成的任务。

2. 在教学内容的安排上

为了更好地运用"任务驱动"教学法进行教学，我们要避免单纯地以线性方式展开教学内容。可以将单元知识分开介绍，将知识点融入综合的"任务"中去，做到前后呼应，循序渐进。例如，对于初学者，我们可以一开始就让他们使用文字处理软件编辑一篇短文，让他们先体会到学习的乐趣。让学生掌握一些基本操作之后再回过头来介绍计算机的组成和操作系统等，这样调整后，学生更容易理解计算机的基础知识，学习兴趣更浓厚，更有利于教师设计教学任务，实施"任务驱动"教学法。

核心素养视角下自主学习的课堂教学培养策略

一、问题的提出

2016年《中国学生发展核心素养》文件指出，要以培养"全面发展的人"为核心，使学生乐学善学，能正确认识和理解学习的价值，具有积极的学习态度和浓厚的学习兴趣，养成良好的学习习惯，掌握适合自身的学习方法，能自主学习，具有终身学习的意识和能力等。可见，自主学习是学生核心素养的重要组成部分，是学生适应社会发展的必备能力。

从2015年开始，我带领研究团队从理论到实践，致力于自主学习的实践研究并取得初步的成果。本文结合团队研究经验，以信息技术课堂教学为例，从核心素养的视角去探讨自主学习的特征和理论，论述自主学习实施策略和实施成效，以期最大化地发挥自主学习的作用，培养学生的核心素养。

二、自主学习概述

1. 自主学习

什么是自主学习？美国著名的自主学习研究者齐莫曼认为，自主学习者不仅要对自己的学习过程做出主动控制和调节，而且要基于外部反馈对学习的外在表现和学习环境做出主动监控和调节。[1]华东师范大学庞维国教授认为，自主学习是指个体自觉确定学习目标、制订学习计划、选择学习方法、监控学习过程、评价学习结果的过程或能力。[2]

2. 自主学习特征

自主学习强调个体的主体性、自主性、创新性、有效性、相对性。①主体性。在自主学习过程中摆脱对教师或他人的依赖，独立选择、控制、开展和管理学习活动。②自主性。积极、主动和自觉地参与学习活动，而不是被动、受限制地参与学习活动；遇到困难能主动寻找解决方法而不是归咎于他人。③创新性。发挥数字化资源和学习工具的优势，创造性地解决问题；挑战自我，发挥自己的潜能，追求更高的学习成就。④有效性。有效地管理学习时间、学习资源、学习策略和求助策略去建构知识，使自主学习最优化。⑤相对性。绝对的自主学习是极少的，学习过程中有时要自主学习，有时要请教教师或他人，有时还需与他人合作。

由此可见，自主学习与学生核心素养紧密关联，自主学习特征蕴含着培养学生的学习态度、学习兴趣、学习方法、学习能力和学习习惯的关键因素。

三、自主学习存在问题思考

1. 学习动机弱

信息技术课堂提供丰富的教学软件、图文并茂的教学内容、动感十足的教学资源，有些课堂教学看似非常热闹，热闹的原因更多是外部刺激和学生贪玩的天性。著名心理学家班杜拉指出，自我效能感是个人的信心体现，是对自己是否能够顺利达成某件事情的期待。自我效能感对学习动机具有积极的影响作用，因此，我们要增强学生的自我效能感，激发学生的学习动机。

2. 学习能力差

学生在课堂学习中长期处于被动、依赖的状态，缺乏学习主动性，自主

---

[1] 庞维国.从自主学习的心理机制看自主学习能力培养的着力点［J］.全球教育展望，2002（5）：26-31.

[2] 班杜拉，蒋晓. 交互决定论——关于个人行为和环境之间关系的社会学习说［J］. 现代外国哲学社会科学文摘，1986（2）：20-22.

学习效果欠佳。被动学习的根本原因是学生缺乏学习策略，导致自主学习能力差，无法做到"会学"。因此，教师要指导学生掌握一定的学习策略，并学会灵活运用这些策略去解决问题，从而产生新的学习策略，真正提高自身的自主学习能力。

3. 个体差异大

开展自主学习的一个难题是学生的个性差异大，这也是信息技术教学中一直客观存在的难题。随着教育信息化的发展，我们可以借助网络教学平台提供的丰富的呈现功能和强大的数据分析功能，引导不同层次学生从自身学习需求出发，获取有用的内容和资源进行自主学习，并及时了解学习动态信息，进行有效策略调整。

4. 评价反馈慢

开展自主学习的另一个难题是评价反馈速度慢，起不到调整与反馈的作用。在课堂教学中，及时发挥评价反馈作用是开展自主学习的关键环节。因此，我们要结合网络教学平台强大的反馈功能，合理设计多维度评价体系，引导学生进行学习过程的自我导向，真正发挥评价与反馈作用，使学生渐渐地形成良好的自主学习习惯。

四、自主学习的培养策略

实现学生由他人控制到自我管理、由被动依赖到自觉主动、由无意识到有意识的理想自主学习状态离不开教师的精心设计与学习指导。下面结合笔者多年的信息技术课堂自主学习实践研究经验，从创建自主学习的教学模式、营造自主学习环境、激发自主学习动机、提高自主学习能力四个方面论述自主学习的培养策略。

（一）创建自主学习的教学模式

教学模式是在一定的教学思想或教学理论指导下建立起来的较为稳定的教学活动结构和活动程序。[①]笔者结合网络信息技术优势，创建了适用于中学信息技术课堂的自主学习六步法，包括"导、读、测、练、评、思"六个环节，

---

① 庞维国.自主学习学与教的原理和策略［M］.上海：华东师范大学出版社，2003.

如图4-4所示。具体说明如下：

（1）导：快速融入创设的学习情境，了解知识思维导图，形成知识的整体概念。

（2）读：自学学习资源，主动建构知识。

（3）测：完成自我检测，并根据反馈结果自定学习目标。

（4）练：应用学习策略解决问题，实现自定学习目标。

（5）评：通过多元评价进行自我导向，调整并完善学习策略。

（6）思：总结与反思，增强自我调控能力，形成良好的学习习惯。

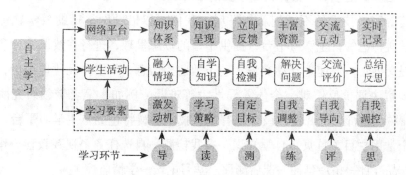

图4-4　自主学习六步法教学模式

（二）营造自主学习环境

认知建构主义理论告诉我们，自主学习环境要最大限度地给予学生自主学习的空间与时间，凸显学生的主体地位。在信息技术课堂教学中，我们要善于应用网络技术从设计自主学习内容、开发自主学习资源和搭建自主学习平台三个维度来营造自主学习环境。

1. 设计自主学习内容，凸显学生的主体地位

自主学习以发展学生的主体性为旨归。[①]这要求教师敢于放手将课堂交给学生，凸显学生的主体地位。作为信息技术课堂的设计师，我们要着眼于学生的"最近发展区"，划分教学中哪些学习内容由学生先学，哪些教学内容由教

---

① 孙名符,王兴福,郑庆全.论自主学习的时代价值和教育价值［J］. 教学研究,2003（12）：287.

师后教。通过网络教学平台，学生可以自学知识，教师可以了解学生的学习现状，然后有针对性地讲解疑难、易错或重点问题，凸显学生的主体地位。

2. 开发自主学习资源，创建学生的学习空间

新课程赋予教师极大的自主性，由对课程被动、忠实的执行者变为主动、积极的创造者，由对教材的挖掘钻研者走向对课程资源开发的设计者[①]。在进行信息技术教学设计时，教师应发挥信息技术教师的优势，借助现代信息技术手段，充分挖掘数字化资源的深层次价值，开展课程资源的开发、融合和重构，为学生的自主学习创建更大的学习空间。

3. 搭建自主学习平台，提高学生的学习实效

随着网络技术的不断创新与发展，我们可以借助网络辅助教学软件，搭建有学科特色的自主学习平台，提供丰富的资源呈现，进行在线调查检测，灵活地提交展示，快速地互动交流，动态地监控信息，丰富多元化地评价，进而更好地解决评价反馈难、个体差异性大等难题。例如，笔者带领研究团队对ITtools平台进行二次开发，设计了有信息技术学科特色的自主学习平台，设置了11个常用栏目（首页→自学知识→自我检测→自选任务→视频教程→作品提交→作品互评→拓展延伸→课后测评→学习论坛→学情监控）。

（三）激发自主学习动机

自我效能感是促进自主学习的一个重要动机性因素，是学生"愿学"的原动力。在信息技术课堂教学中，我们可以从促进作用、榜样作用、激励作用三个方面来增强学生的自我效能感，激发学习动机。

1. 增强自我效能感的促进作用

亲身经历获得成功是最有影响力的自我效能感因素，它可使学生获得强烈的学习成就感，促进学生自我肯定，极大地增强学生的学习自信心。在教学实施中，我们要注重为不同层次学生提供尽量多的体验成功的机会，尽量挖掘学生身上的亮点、长处，给学生以更多的展示机会，帮助他们建立学习的自信心，体验学习的成就感。同时要引导学生分析成功的原因，关注自身的努力态度、行动策略和学习能力变化。

---

① 钟启泉.基础教育课程改纲要试行解读［M］.上海：华东师范大学出版社，2001.

2. 树立学习榜样的榜样作用

树立与个体同类型的榜样，才能更好地提供学习参考价值，使同类型学生将对方的表现当作自己努力的方向，相信自己有能力实现相似的成果。因此，我们不能总以"尖子生"作为榜样，而应为不同层次的学生树立适合的同类型榜样，以更好地发挥榜样的模范作用。

3. 发挥激励制度的激励作用

心理学认为，需要引起动机，动机支配行动指向预定目标，这就是激励赖以发生作用的心理机制和基础。从2014年起至今，笔者一直开展激励制度的课堂实践研究工作。具体做法：一是师生从组长权利与职责、组员权利与职责、课堂表现三个方面共同制定"信息技术课堂激励制度"。二是在课堂上实施激励活动——自我激励、相互激励和他人激励，每一类激励活动又分为实体激励和精神激励两个维度。三是从努力态度、知识获取和能力变化等角度进行激励归因。四是定期开展激励总结活动，如评选优秀学员、优秀小组长、智慧高手、助人为乐能手等，并为获得者颁发创意设计的证书。

（四）提高自主学习能力

学生必须掌握一定的自主学习策略，才能提高自身的自主学习能力。综合国内外学者的自主学习观点和信息技术学科特色，本文将自主学习能力培养策略分为四类：认知策略、目标学习策略、问题学习策略和元认知策略。

1. 认知策略

认知策略是学习者用以调节和控制其注意、学习、记忆及思维过程的技能。[①]信息技术学科知识包含基础知识和基本技能两大类，常用的知识认知策略有标注策略、多感官协同记忆策略、精加工策略（如类比、对比、推论、关联等）、组织策略（如图表、概念图、思维导图等）、概括策略（如归纳、提炼、总结等）。

2. 目标学习策略

目标学习策略指学生自主确定学习目标及完成该目标所需的策略。在教学过程中，教师要对教学目标进行多维度、多层次设计，以利于学生构建符合

---

① 王言根. 学会学习［M］. 北京：教育科学出版社，2003.

自主学习需求的学习目标，提高目标学习能力。常用的目标策略有脚手架策略（利用自主学习平台提供检测题和对应分值的参考目标帮助学生合理设置学习目标）、分解目标策略（将高难度的学习目标分解成具体的、难度略低的子目标）、定向策略（分析自主平台提供的动态数据，寻找下一阶段的努力方向）及意义策略（把学习目标与学习价值关联起来，理解学习意义）。

3. 问题学习策略

问题学习策略是指学生发现问题、提出问题、分析和解决问题所需的策略。教师要善于创设问题情境，提供丰富的教学资源，才能更好地激发学生发现问题，并应用策略去分析问题和解决问题，从而提高问题学习能力。常用的问题学习策略有改错策略、分析策略、逆向推理策略、头脑风暴策略、小组探究策略、求助策略等。

4. 元认知策略

元认知策略是指学生在学习过程中对学习活动进行自我调节、选择和控制所需的策略。自主学习者不仅要对自己的学习过程做出主动控制和调节，而且要基于外部反馈对学习的外在表现和学习环境做出主动监控和调节。常用的元认知策略有自我监控策略（评估学习情况，改进学习表现）、自我评价策略（量化学习表现，修正、完善、促进自主学习）及自我指导策略（细化学习行为，提示、指引、督促自主学习）。

五、自主学习的培养效果

为了解培养效果，笔者带领研究团队对实验学校的292名学生进行初中学生自主学习能力问卷调查。发放问卷292份，回收问卷290份，有效问卷290份，有效率为98%。问卷采用前后测对比方式，问卷结果如下：

（1）有60.9%的学生对学习充满自信，比培养前增加了11.7%。

（2）中上层学生的自学能力变化较大，有66%学生对自学能力满意，比培养前增加了13%。

（3）尖子生的目标学习和问题学习能力发生的变化较大，有41%的学生对目标学习和问题解决能力非常满意，比培养前增加了13.4%。

（4）认知能力的变化最明显，有72%的学生对元认知能力满意，比培养前增加了15.1%。

综上所述，自主学习对学生的自我效能感、自学能力、目标学习能力、元认知能力起到很好的提升作用。其中，对后进生和尖子生的影响尤为重要。

六、结束语

经过近四年的研究，笔者带领研究团队成功编写由广东教育出版社出版的自主学习精品教材《乘Scratch号列车认识百年香洲》，并在七所实验学校开展自主学习六步法的课堂实践，已授课380节，开展公开课22节；在揭阳、韶关、汕尾、阳江等省内外多个地区以研讨课、公开课、专题讲座、示范带学等形式推广课题研究成果，受到当地教师的喜爱与一致好评。

丰硕的成果极大地鼓舞了我们深入开展自主学习的信心，同时也激励我们紧跟时代的发展，从全面化、个性化、智能化的新角度去创新培养，为社会培养全面发展的人。

依托少年军校 促进德育内涵的传承与发展

《国防教育"十一五"规划》文件明确指出："把国防教育纳入学校的课堂教育，渗透文化、体育、品德等课程教学中，采取授课辅导、集中军训、举办少年军校等形式，对青少年学生进行国防意识熏陶和知识技能培训，强化学生的国防观念。"少年军校作为一种新型德育模式，受到越来越多学校的欢迎，少年军校的内容丰富多彩，如安全知识教育、学生军训班、教官训练营、少年军旅营、军事夏令营、示范表演、参观学习、祭扫革命烈士墓等。那么，这些形式多样的内容背后蕴含着哪些德育内涵？本文以广东省珠海市前山中学少年军校为例，挖掘少年军校蕴含的德育内涵，呈现其对学校德育传承与发展的促进作用。

一、前山中学少年军校简介

前山中学少年军校成立于1993年8月，是由广东公安边防五支队、香洲区人民武装部、前山街道人民武装部、香洲区教育局、共青团珠海市委、共青团香洲区委和珠海市前山中学联合共建的学校德育模式。前山中学始终坚持以中共中央颁发的《爱国主义教育纲要》和《广东省国防教育条例》为依据，开展一系列形式多样、内容丰富的少年军校活动。

为了加强对少年军校的领导，珠海市专门成立了由珠海警备区领导，香洲区人民武装部，前山镇人民武装部，市、区团委和学校等部门共同组成的领导机构。由前山镇党委书记亲自任少年军校政委，由镇人民武装部部长任校长。日常的领导和管理工作由镇人民武装部牵头，学校主管德育的行政领导密切配合，保证少年军校日常工作的顺利开展。前山中学少年军校自成立以来，至今已历时二十五年，开办了二十一期军训班，培训学员达三千多人，取得了不错的成绩，如1994年被评为广东省先进少年军校，2001年被评为全国"少年军校示范校"，2015年参加在北京举办的中国第一届国防教育成果展并获得技能比赛一等奖等。

二、少年军校德育内涵

1. 爱国教育

少年军校最重要的德育内涵是爱国教育。以军治学，在少年军校中开展"爱国教育"能使学员发自内心地尊重革命传统，增强学员对中华民族的归属感、认同感、尊严感、荣誉感。

2. 国防教育

少年军校最核心的德育内涵就是国防教育。少年军校国防教育是全民国防教育的基础，是实施素质教育的重要内容。在少年军校中开展国防教育能使学生了解我国国防的历史和发展，了解基本的国防与军事知识，掌握基本的军事技能，增强国防意识。

3. 人格教育

少年军校最基本的德育内涵就是人格教育。丰子恺先生把人格比作一只鼎，而支撑这只鼎的三足就是思想——真，品德——美，情感——善。[1]青少

---

① 张丽平.谈人格教育［J］.才智，2012（5）：253.

年没有了健康人格，少年军校德育就失去了支撑的基础。少年军校严格的半军事化训练，长期的自我约束和强化磨炼，能很好地培养青少年的健康人格和高尚品德。

三、德育内涵的传承与发展

（一）以"训练班"为主渠道，实现德育内涵的传承

前山中学少年军校以军校办校纲要为指导思想，将军校训练与校本课程相结合。为了保证学员的素质和训练的效果，每年一期的少年军校精选一百多名学员，编成5个排、10个班，利用暑假开展为期三周的封闭式训练和管理。由警备区选派最优秀的指战员负责军事训练，由镇人民武装部民兵、学校行政领导和骨干教师负责日常的管理，至今已开展了二十一期。实践证明，通过长期开展少年军校"训练班"的形式，不断总结德育经验，不断提炼教育方法，实现了让德育内涵一代接一代地传承下去。

1. 爱国教育

分批组织学生参观南海前哨钢八连、广东武警边防五中队、驻澳部队、广州黄埔军校、珠海三灶岛万人坟、林则徐纪念馆、威海炮台、孙中山故居、林伟民烈士塑像等；邀请官兵到校对学生进行爱国主义系列教育，如开展军史讲座，介绍英雄事迹等；组织学生观看爱国主义教育影片等，激励学生继续发扬革命传统，增强爱国情怀和民族使命感。

2. 国防教育

开设国防知识、军事常识、革命传统、组织纪律、现代高科技军事应用等课程；学习常规武器的性能和使用、射击训练、战地救护技术；邀请部队到校进行军事表演，进行队列、军体拳、越野爬山等动作训练；开展参观欢送新兵入伍等活动，培养学员令行禁止的习惯，增强学员保卫祖国的意识与能力。

3. 人格教育

参观解放军营房，与军民同吃、同乐、同生活；清洁社区卫生，维护交通秩序，慰问孤寡老人；参观珠海市外资企业、高新技术产业等，让学生的意志品质、心理品质、社交能力、约束能力等得到很好的锻炼和培养，潜移潜化地培养他们形成健康人格与高尚品德。

（二）以"校园文化"为主阵地，促进德育内涵的发展

校园文化具有强大的育人作用，将少年军校的军事化管理模式引入校园文化，更能发挥少年军校的规范、约束与强化作用。通过日常行为规范潜移默化地改变青少年，促进他们德育内涵的发展。

1. 爱国教育

定期参观明清时期著名的前山寨城墙、中山亭、杨匏安纪念馆、中山纪念堂、孙文公园、广州历史博物馆等著名爱国基地，成立由少年军校学生组成的国旗班，定期开展爱国教育等活动，培养学生民族自豪感和使命感，引导他们从小树立远大理想，努力学习，长大后报效祖国。

2. 国防教育

邀请共建部队对学生进行一日常规军事化训练，组织学生到军营实地参观，开展军事夏令营，祭扫革命烈士墓，定期召开国防主题活动，举行军体操比赛等，使学生在校园文化活动中，耳濡目染地接受国防教育熏陶，去掉身上的娇气。

3. 人格教育

以军事化的管理优化校风建设，以解放军的"三大纪律，八项注意"作为少年军校的日常行为规范，与《中学生守则》《中学生日常行为规范》等有机结合起来，在平时的上课、集会、出操及外出实践等集体活动中按"准军人"的标准要求学生，使他们在长期的自我约束和强化磨炼中，养成遵纪守法的良好行为习惯，养成令行禁止、文明礼让、热爱社会、服务社会的良好作风和高尚品德。

（三）以"德育资源"为支撑，丰富德育内涵的建设

有效实施少年军校德育的条件就是提供丰富的德育资源，以满足德育内涵建设的需求。随着少年军校活动的开展，必然会产生大量的德育资料，我们有必要对这些资料进行收集、整理、筛选、归类、保存，形成有价值的德育资源库。

1. 创办了"少年军校"专题网站

"少年军校"专题网站是一项丰富和珍贵的资源，是学校德育园地一枝独秀的奇葩。学校通过专题网站开设广播、宣传、记录、反馈、互动等栏目，有效地促进德育工作开展。通过专题网站，学生可以回顾历届少年军校开展的德育活动，自主学习爱国教育、国防教育知识，激发爱国情怀，培养健全人格。

2. 开展课题研究

开展了"军校强化学生行为习惯的训练""构建培养学生创新性人格的学校文化""依托少年军校丰富德育内涵"等课题研究，开发学校特色的少年军校课程，丰富德育资源建设。

3. 多学科融合，创作少年军校系列作品

与信息技术、美术、音乐、语文、英语等学科融合，创作少年军校系列作品，如少年军校绘画作品、平面设计作品、动画制作作品、手工作品、军校宣传视频作品等，积累跨学科、多角度、高品质的德育建设资源。

4. 编写少年军校人物志

组织人员调查、跟踪已毕业学员的发展情况，编写少年军校人物志，开展少年军校校本课程，牢记德育历史，传承德育精神。

5. 成立少年军校校史、少年军校陈列馆

把珍贵的少年军校德育资源物化，向学生、社会展示少年军校成果，扩大少年军校爱国教育、国防教育、人格教育范围。

四、结束语

实践证明，少年军校与学校德育工作的紧密结合，既丰富了德育内容，又优化了德育形式，同时促进了学校德育内涵的传承与发展。我们相信，发挥少年军校这一学校德育新模式的特殊地位和作用，一定能够开创学校德育工作新高度，培养出具有国防意识、爱国情怀、吃苦耐劳品质、钢铁般意志的国家栋梁。

"学生发展核心素养"视角下学生团队精神的培养研究

一、问题的提出

2016年《中国学生发展核心素养》文件指出，学生发展核心素养是学生应具备的，能够适应终身发展和社会发展需要的必备品格与关键能力，是关于学生知识、技能、情感态度、价值观等多方面要求的综合表现。其中，培养学生核心素养的重要内容之一就是培养学生具有团队意识和互助精神。

迅速发展的信息化时代，注定不是一个个人打天下的时代，更注重个人对团队共同目标的参与意识和团队精神。对于21世纪的学生，培养他们的合作意识和参与团队的互助精神具有重要、深远的意义。传统教育中，教师更侧重知识的传授，对德育教育中的合作力、凝聚力、控制力等团队精神的培养缺乏关注与创新。为了适应信息化时代的多元需求，我们该如何在教育教学中更好地培养学生的团队精神？近几年，笔者带领课题组成员立足"学生发展核心素养"视角，应用"网络媒体"进行学生团队精神的培养创新，取得了初步的成效。

二、核心概念

1. 团队精神

团队精神是指为了实现某一共同目标而由相互协作的个体组成的团队表现出来的精神，是团队成员为了团队的利益与目标而相互协作、尽心尽力的意愿与作风[①]。团队精神的作用包括：①目标导向功能。能够使团队成员齐心协力，拧成一股绳，朝着一个目标努力。②团结凝聚功能。通过对团队意识的培养，引导团队成员逐渐产生共同的使命感、归属感和认同感，形成一种强大的

---

① 方正泉.论大学生团队精神的培养［J］.江苏高教，2006（5）.

凝聚力。③促进激励功能。通过团队成员之间正常的竞争达到实现督促和提醒的目的，这种激励不是单纯停留在物质的基础上，而是要能得到团队的认可。④实现控制功能。通过团队内部所形成的一种观念的力量、氛围的影响，去约束、规范、监管团队的个体行为。

2. 核心素养

随着全球化、信息化的普及，国家对教育内涵相应地进行了扩充与提升，提出了"核心素养"。北京师范大学辛涛教授认为，"核心素养"是学生在接受相应学段教育过程中，逐步形成的适应个人终身发展和社会发展需要的必备品格与关键能力。[①]我们关注学生核心素养，就是要通过教育活动有效地把核心素养转化为学生的基本素质，关注学生在学习过程中的体验与感悟、生成与提炼、积累与发展。

三、中学生团队精神现状分析

为了更好地了解当前中学生团队精神现状，选用八年级学生282人作为研究对象，从团队意识、凝聚力、自控力、协作能力、沟通能力五个方面进行问卷调查，调查结果见表4-2。

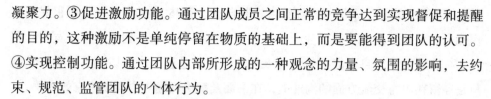

表4-2　实验学生团队精神问卷调查统计表

问题	非常同意	同意	不太同意	不同意
团队精神很重要	28.2%	33.4%	27%	11.4%
班级具有强大的凝聚力	9.6%	17.5%	35.2%	37.7%
个人具有很好的自控力	7.8%	11.2%	22.1%	58.9%
个人具有很好的协作能力	8.9%	15.8%	36.7%	38.6%
个人具有很好的沟通能力	12.6%	23.5%	34.2%	29.7%

以上调查数据表明：半数以上的学生认为团队精神是重要的，仍有38.4%的学生认为团队精神不重要。所以，还需加强学生对团队精神重要性认识方面的教育。只有27.1%的学生认为所在班级具有强大的凝聚力，说明当前学生的自我意识很强，大部分学生未能从团队立场去思考，把个人与集体之间的关系统一

---

① 辛涛. 论学生发展核心素养的内涵特征及框架定位［J］. 中国教育学刊，2016（6）：4-5.

起来。有81%的学生未能很好地约束控制自己。有75.3%的学生不具备很好的协作能力，反映了绝大多数独生子女不善于与人协作，缺乏相互理解与宽容。有36.1%的学生认为自己能很好地与人沟通，但通过进一步的访谈了解到，学生只是停留在语言交流方面的沟通上，在书面及解决问题等方面缺乏有效沟通。

四、团队精神的培养策略

学生发展核心素养以培养"全面发展的人"为核心，分为文化基础、自主发展、社会参与三个方面。[①]此外，网络媒体具有交互强大、信息海量、传播快速、新颖开放等优势，对学生具有很强的吸引力，有利于开展德育教育。为了更好地培养学生的团队精神，综合上述调查情况，立足核心素养视角，结合网络媒体的德育优势，从团队意识、能力培养、参与体验三个方面创新和整合团队精神教育的培养策略。

（一）提升团队意识

1. 更新团队精神的观念

在当今这样一个信息高度饱和、高速传递的社会中，"内容决定一切"的时代已经过去，形式先导与内容提升的同步推进才是未来发展的方向。[②]要提高学生的团队意识，就需要学生与时俱进，更新团队精神的观念，了解时代发展的需求。因此，教师不仅要培养学生的团队合作能力，还要搭建有效的学习平台，传播"团队精神"信息，提高团队意识。

网站、博客、微博，作为网络媒体很受学生的喜爱，学生热衷在网站上搜索有用信息，在微博、博客上发表言论、表达观点、交流沟通。因此，教师可以充分运用学生喜爱的网络媒体开展团队教育和宣传活动。可以推荐优秀德育教育网站给学生浏览、学习，如中国德育网、北京市中小学生数字德育等。在校园网、校园贴吧等网站上原创或转载有价值的团队教育文章。通过广播站、校园网及时报道学生参与团队活动的动态信息、新闻报道、心得体会等信息。营造学生自由发表言论的空间。教师给予适当引导与交流，激发学生思想，促

---

① 林崇德.中国学生发展核心素养：深入回答"立什么德、树什么人"［J］.人民教育，2016（19）：15.

② 蒋广学.学校党建与思想教育［J］.学校党建与思想教育，2015（4）：30.

进学生相互了解、交流感情。

2. 激发学生团队精神

团队精神需要一定的激励制度来激发。激励制度把外部刺激转化为内部动力，让成员的表现得到团队其他成员和老师的认可，也利于团队成员向团队中某一方面表现出色的成员学习。

（1）创建数字化激励内容。传统的激励方式是口头表扬、物质奖励等，这些是很好的激励方式。在网络时代，我们可以通过网络媒体，把激励的内容和方式变得更丰富、多样、直观。例如，通过网络平台向全校学生展示学生团队合作的优秀作品；通过家校通平台向家长传达学生在团队中的表现，分享活动图片、颁发的奖状证书扫描图片；通过微信平台向社会报道团队获得的奖励；等等。

（2）搭建数字化交流桥梁。"尊其师，信其道"，师生之间的友谊能促进学生团队精神的培养。教师可以通过班级博客、QQ 群、微信群等方式搭起与学生互动的情感交流桥梁，关心、爱护、帮助他们，做学生的知心朋友。

（3）构建数字化激励制度。为了持续、真实地记录并量化学生在团队中的表现，我们可以应用网络平台从小组合作意识、合作表现、合作能力、合作成果四个方面进行教师评价、小组长评价、组员互评，用网络平台实时记录评价数据和评语。教师可以此数据为依据，公平、公正地评选出优秀小组和个人。

（二）提升学生团队能力

团队能力是团队精神的核心，主要通过融入学校教学中进行培养，这是团队精神培养实施的主要途径。而应用网络媒体的优势，可以使团队能力的培养方法从静态转向动态，从单一性转向立体化，从被动转向主动。教师可以有针对性地运用网络媒体的优势，创新团队能力中凝聚力、自控力、协作能力、沟通能力的培养形式，突出培养的实效性。

1. 凝聚力培养

网络媒体的开放性、虚拟性为学生凝聚力培养创造了条件。教师可以应用网络媒体的开放性，设计出利于团队凝聚力培养的教学环境和教学内容，让学生团队可以自主选择学习的内容与任务，更好地激发学生团队的创造力和凝聚力，形成个性化团队作品。教师也可以应用网络媒体的虚拟性，让师生公平、公正地进行网络实时评价，不仅评价学习作品，还评价团队表现，更好地促进学生自我反思，提升团队的凝聚力，增强团队荣誉感。

2. 自控力培养

有许多网络管理软件具有强大的分析、教与学互动、动态评价、自动记录等功能，能为学生的活动表现提供真实、实时的数据记录。教师可以借助这些管理软件，开展行为记录，定期引导学生分析数据，帮助他们从关注个体到关注团队，从短期关注到长期关注，形成改进策略，再次实践。这种螺旋式、持续式的培养方式可以帮助学生很好地提高自控力，实现团队觉醒、团队调控。

3. 协作能力培养

团队合作是团队精神培养的核心内容。为了培养学生的协作能力与协作意识，借助网络媒体的优势，教师可以设计"明确协作主题→分解总目标→小组分工→协作完成任务→展示团队作品→完善作品→反思提升"等流程。学生在完成作品的同时，既提高自己的创作能力，又提高自己的团队协作能力。

4. 沟通能力培养

团队沟通能力是团队精神的重要组成部分。网络媒体的快捷性、交互性为培养沟通能力提供了有利条件。通过网络平台，可以开展师生或生生在线即时讨论、作品评价与团队表现评价等活动。如图4-5所示为专题学习平台。教师在活动过程中引导学生规范用语、条理论述、提出解决方案，培养团队成员的沟通能力。

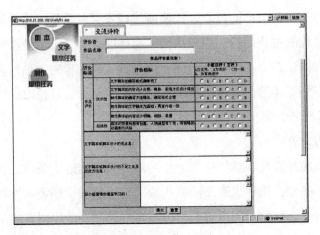

图4-5 专题学习平台

（三）参与体验

1. 参与校园文化建设

校园是培养学生团队精神的摇篮，我们要让学生充分参与校园文化活动（如校园专题活动、爱心义卖、运动会、科技节、文化节、文化沙龙、节日表演、短信互动等）。通过网络媒体，引导学生开展活动策划、资料收集、节目录制、宣传报道等，让学生在参与过程中充分体验真实的团队精神。

2. 参与学校社团活动

学校社团是学校的第二课堂，是学生施展才艺的广阔天地。我们可以结合灵活的主题、开放式任务，让学生参与并体验团队合作的重要性、必要性、实效性。如小组创作"义工服务"的宣传海报，学生既收获了知识，又体验了与同伴合作和沟通的过程。如在"中学生电脑制作活动"社团中，我们设计了一个关于"义工服务"的开放式主题，让2～3位学生组成小组，合作创作绘画作品。图4-6是学生的优秀作品，他们在完成作品的同时，既掌握了知识，更体验了与同伴合作和沟通的乐趣。

图4-6　学校社团活动作品

3. 参与社会实践活动

参与社会实践活动是培养学生社会责任感的重要途径。我们可以开展创文服务、义工服务、勤工助学、参观访谈、爱心义卖、关爱老人等活动，让学生结合参与过程，制作专题网站，记录与宣传活动动态信息，产生一定的社会影响力，帮助学生形成积极的世界观、人生观、价值观，体验团队互助精神、实干精神、奉献精神。如学生制作的"前山中学义工服务网站"，展示的就是义工服务队在社会上开展的各类社会实践活动，如图4-7所示。

图4-7　前山中学义工服务网站首页

五、效果与展望

1. 培养效果

经过一年的实践研究，课题组成员再次通过问卷调查和访谈方式对实验对象进行检测，得出后测调查统计表（见表4-3）、前后测对比表（见表4-4）、学生团队精神培养对比图（见图4-8）。

表4-3　学生团队精神培养调查统计表（后测）

问题	非常同意	同意	不太同意	不同意
团队精神很重要	73.00%	12.10%	8.50%	6.40%
班级凝聚力增强	32.50%	29.60%	20.20%	17.70%
个人自控力增强	27.80%	18.60%	27.40%	26.20%
个人协作能力增强	23.10%	38.80%	20.30%	17.80%
个人沟通能力增强	18.30%	31.40%	29.20%	21.10%

表4-4　学生团队精神培养对比表

时间	团队精神很重要	班级具有强大的凝聚力	个人具有很好的自控力	个人具有很好的协作能力	个人具有很好的沟通能力
前测	61.60%	27.10%	19.00%	24.70%	36.10%
后测	85.10%	62.10%	46.40%	61.90%	49.70%
差值	23.50%	35.00%	27.40%	37.20%	13.60%

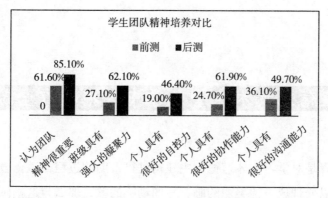

图4-8 学生团队精神培养对比图

通过对比分析，得出以下结果：①通过各种形式的团队精神培养，学生的团队意识达到了85.10%的共识，普遍认为团队精神很重要。②凝聚力与协作能力在经过能力培养、活动参与体验后得到超过35%的提升。③自控力有27.4%的提升。从与学生的访谈中了解到，在以自我为中心的思想影响下，学生自控力的改变有些缓慢。④受判断能力、表达能力、思维能力、社会认知等因素的影响，中学生的沟通能力只有13.6%的提升，需要进一步地深入分析并寻找新的培养策略。

2. 展望方向

目前，在学校与课题组成员的共同努力下，学生已形成良好的团队合作习惯，对团队精神的重要性有了高度的共识，培养了一定的合作能力，为后续研究积累了宝贵的经验，打下了扎实的基础。

当今教育改革已从"以学科为中心"向"学生全面发展"方向转变，强调学生素养发展的跨学科性和整合性①。在以后的研究中，我们将继续立足"学生发展核心素养"视角，加强学科间、校际间、社会间的培养合作，培养出有合作意识、合作能力、合作精神的全面发展人才。

---

① 陈兵. 在全面深化课程改革中把党的教育方针落实、落细、落小：访教育部基础教育二司副司长申继亮 [J]. 中小学教材教学，2015（1）：23-26.

在信息技术课堂教学中挖掘德育宝藏

德育过程是对学习主体道德自主建构进行帮助的过程，道德教育的内容与形式如果可以处理成一幅美丽的画，一曲动听的歌，那么与这幅画、这首歌相遇的人就会在欣赏中自由地接纳这幅画、这首歌及其内涵价值，从而使道德教育的价值引导与道德主体的自主建构在欣赏过程中得以统一，这就是北京师范大学檀传宝教授明确提出的"欣赏型德育"的含义。

那么，作为教育工作者，我们该如何让道德教育与课堂教学融为一体，共同构成一幅美丽的画、一曲动听的歌，让学生不断主动和自主地改造自己的品德，不断实现道德人格的提升？下面谈谈我在课堂中进行欣赏型德育教学的一些心得体会。

一、和谐的师生关系

世界著名教育学家赞可夫说过："学生对教师给予他们的好感，反应是很灵敏的，他们是会用爱来报答教师的爱的。"作为一个教师，我们不应只当学生知识的保育员，更应该是学生灵魂的导师；我们不仅要给他们的精神之鸟一对有力的翅膀，更要让他们在灵魂深处充满飞翔的渴望。

和谐的师生关系是一种"参谋或伙伴"的关系。在这一关系中，教师的智慧表现在设置情境，并隐蔽起来(或退居幕后)，学生则成为价值判断和建构的主体。教师的作用主要是以自己对道德智慧的欣赏来刺激、启发和带动学生的德育"欣赏"活动。就像风景区的游客之间的关系一样，在道德教育中，教师与学生、学生与学生、学生与教师之间是一种共同面对道德智慧风景欣赏和交流欣赏心得的关系。当然，与纯粹的游客不同的是，教师还必须是道德风景的设置者和导游人。当完成了风景的设计、导游的任务后，教师就应当退居幕后，即使再在教育情境中存在，也只能以一种道德人格的风景或普通的游客同伴的身份出现。教师的作用主要是以自己对道德智慧的欣赏来刺激、启发和带动学生的德育"欣赏"活动。

二、充分挖掘德育宝藏

1. 善于发现审美化的德育素材

教师要有审美意识、审美趣味、审美能力，结合教学内容、文化背景、学生特性等因素，用一双发现美的眼睛、一颗审美的心，充分挖掘隐含在普通教材内部的"美"，挖掘表现德育美的素材。有些德育素材本身直接闪耀着美学光彩，有些德育素材则体现在对人们精神的指引。如果课堂设计者用一双发现美的眼睛、一颗审美的心去挖掘，具有审美价值的德育素材就会像一座山一样在眼前堆积起来，取之不尽，用之不竭。

例如，课例"多媒体作品的规划与设计"的教学内容是关于人物介绍的规划与设计。其中，在内容策划这一教学环节中，为了挖掘审美化德育素材，我经过反复思考，结合学科特点、学生的性格特点、校园文化、社会发展等多种因素，设计了三个人物素材：第一个是该班具有积极向上、努力学习精神的模范人物——班长；第二个是毕业于本校的学生，他通过自身的勤奋、努力，不断摸索、学习、积累，毕业三年后就成为一名非常优秀的歌手；第三个是中国近代史上的一位伟大革命先驱孙中山先生。这样的教学内容设计，将德育教学与学科教学融洽地结合起来，让学生在美好的环境和氛围中接受道德教育，产生了"润物细无声"的德育教学效果。

2. 德育素材的审美化改造

在内容丰富的德育素材库中，有一些内容本身就是很美的，而有些可能被一个粗糙的外表包裹着，从表面上看不出它们美在哪里，这就需要我们在教学中对其进行筛选，对一些有用但不纯净的素材进行打磨、加工，去粗取精、去伪存真，从五彩缤纷的德育素材中挑选出具有德育美的内容，将其融入教学过程中。此外，有些德育素材单独存在时，并不能显示出特别的美，但是将相关素材有机组合在一起时，可能会相得益彰，焕发出更耀眼的光芒。

例如，在通常的思路中，玩游戏就是一件极不严肃的事情，人们看到的只是游戏所带来的负面影响，却从不愿正视游戏的积极功能。然而，计算机游戏这一信息时代的游戏方式，已经成为现代社会的一种文化现象，影响着现代人的生活方式。学生们为了能玩好游戏，能够不辞劳苦，战战兢兢地学习各种复杂的游戏规则；在游戏过程中，又能表现出不同寻常的努力探求的精神。因此，处于信息时代的教育工作者，应该学会对计算机游戏进行分析，从中借鉴可取之处，挖取游戏所承载的教育价值，精心选择适合学生发展的素材。例如，在讲授鼠标的用法时，我会通过"纸牌"游戏的介绍与使用，让学生在游戏中体会指针的概念和基本操作；在学习键盘指法时，我会通过"金山打字通"中的"打地鼠"游戏，对枯燥、烦琐的知识技能进行打磨、加工，并在游戏过程中采用独自游戏、集体游戏比赛等形式，让学生观察美的画面，听美的音乐，体会到学习的乐趣。

教师只要善于运用自己那双审美的眼睛、那颗审美的心去探测、去发掘，就会随时随地捕捉到丰富的美学元素。

三、有机的呈现方式

1. 推演情境美

"情境性"所要求的是道德教育的内容首先应当实现"生活化"。因为只有在生活化了的德育内容中，我们才可能发现道德智慧的生动性，才能真正地激发学生进行自主、自由的道德判断和推理等，建立真正的道德理性。传统的德育呈现形式主要是"说教"。如果把道德教育内容和形式处理成一幅美丽的画、一曲动听的歌，采用恰当的艺术形式如音乐、美术、诗歌、故事、电影、电视、网页等作为德育的呈现手段，让学生融入德育情境中，那么，学生就会发自内心地去感悟做人、做事的道理。

例如，在课例"多媒体作品的规划与设计"中，挖掘出学习积极向上、努力勤奋的模范人物——班长这一德育素材后，我并没有对该模范人物进行简单的语言描述，而是创设了一个游戏。课前，我为这位班长设计了一个多媒体作品，让学生去猜测这位神秘人物。首先让全体学生起立，然后对照作品中的提示内容，让不符合条件的学生坐下来，慢慢筛选出谜底。最后由该学生上台揭开谜底，并对作品的其中一个内容——他的座右铭做现场讲解，巧妙地将学科知识与道德教育融合在一起，向学生传递了思想道德教育的信息。在作品的提示内容设计中，选择该名学生积极向上、努力学习的事例作为内容，让学生在快乐的游戏氛围中既学到了学科知识，又受到了道德教育，提升了学生自主、自由的道德人格。

此外，运用现代化手段，通过声、光、影等多媒体对情境进行立体渲染，学生更容易入情入境，产生兴奋的心理状态。开放、活跃、敏捷的欣赏活动自然产生。

例如，我应用现代化手段，对一位毕业于本校的歌手的音频、视频信息进行加工；通过互联网搜索该名歌手的成功事例，设计一个专门的学习网站，通过校园网将有关信息展示给学生，学生表现出极大的兴趣，在浏览人物资料的同时接受了勤奋、努力、不断摸索、学习积累的道德思想教育。

2. 体验欣赏美

欣赏、审美、德育的共同基础是情感，课堂中师生情感的交流与互动是欣赏型德育课堂教学实现的关键。

美国心理学家詹姆斯说过："人性中最深切的禀质乃是被人赏识的渴望。"一名成功的教师总是带着欣赏的眼光和积极的心态投身教学活动，用"欣赏的慧眼"去发现学生身上值得欣赏的亮点，并及时给予表扬和鼓励，让每个学生均品尝到成功的喜悦，在被欣赏的体验中奋发、崛起。同样，教师渊博的知识、高尚的情操、成熟的修养、睿智的谈吐、斯文的外表等，都值得学生去欣赏。

学生在课堂上由于自卑、害怕、懒惰、等待，或有从众心理等，在课堂中不敢发言，不敢大胆地参与教学活动过程。这就要求我们改变以往的教学态度，把微笑带进课堂，经常鼓励、欣赏孩子们在课堂中的表现。表扬的话语无处不在，如承认孩子的差异，甚至欣赏差异，允许失败，哪怕孩子一千次跌倒，也坚信孩子第一千零一次能站起来。

3. 道德实践美

教师在欣赏学生的同时，还要善于为学生提供展现自我的舞台和机会。教师对学生的欣赏只是一个引导因素，不能代替学生的自我欣赏。例如，学生在经过苦苦思考，反复探索后才掌握相关知识，其中的喜悦、自我满足是教师的帮助所不能替代的。而有些学生往往不知道自己的价值所在，极少享受成功的喜悦。这就要求教师善于捕捉实施德育的机会，适时搭建具有道德思考价值的舞台，引导学生进行能动自主的道德思考，促使他们在真实的道德实践中表达自己对道德问题的看法。

在设计教学任务时，我会为不同层次的学生选择难度合适的学习任务，并适当地选择可以让学生表达自己道德思想的素材，采用合作学习方式，在互相探讨、完成任务的过程中，培养他们的合作意识、创新意识。引导学生多向互动欣赏，包括学生个体对自身的欣赏和学生个体之间的相互欣赏，欣赏自己的、他人的长处和优点。设计全体学生均能完成的分层学习任务，让不同层次的学生均能获得成功感、满足感，为学生的道德成长拓展不同层次的学习空间。

三、多元化的评价

学生是德育学习主体，课堂最有价值的评价是学生的评价，所以在评价时，既要遵循学科教学规律，又要渗透德育内容。坚持评价多元开放，既要体现共性，更要关心学生的个性；既要关心结果，更要关心过程，从多个角度关注学生在学习过程中的表现，包括他们的使命感、责任感、自信心、进取心、意志、毅力、气质等方面，鼓励和引导学生形成对道德智慧的欣赏，最后形成自己对自己的欣赏——形成"欣赏性评价体系"，使欣赏性评价成为学生自我教育和促进自我发展的有效方式。

在信息技术课堂教学中，教师要善于从学生创作作品的过程、学生完成的作品内容、作品表现形式、师生多元评价过程等方面去发现学生的德育亮点，利用现代化教学手段，通过网络将德育亮点展示出来。采用自评与他评、结果评价与过程评价、形成性评价与终结性评价等形式，使学生在自己的道德心理基础上形成强化与认同，从而产生发自内心的道德情感需求，使自己的道德心理重构。

任何一门学科、任何一节课都蕴藏着丰富的道德教育内容，这需要我们站在教育生命观和德育美学观的角度，找到德育和美育的结合点，使德育活动成为一个审美的过程，使学生在赏心悦目的过程中受到感染和熏陶，真正体现德育的欣赏价值。

人物访谈

创新教与学方式　培养学生自主学习能力

刊登于《教育信息技术》（CN44-1529/G4）

访谈者： 尊敬的伍老师，您好，非常感谢您接受本次专访。《广东省教育信息化发展"十三五"规划》主要目标中明确提出要以创新教与学方式为重点，以信息化推动教育特色多样发展。据了解，近几年，您致力于开展教与学创新方式的研究，尤其是自主学习的研究，请您结合信息化环境谈谈您对自主学习内涵的理解。

伍老师： 在半个世纪前，人们从大学毕业后，大约有70%的所学知识可以一直在退休前运用；而在当今时代，这个数字缩减为2%。这意味着，当今的学生在毕业后从事某项职业所需要技能的98%需要自主学习获得。可见自主学习的重要性，它是学生适应终身发展和社会发展需要的生存能力与必备能力。

自主学习是当今教育的重要研究主题。在课程论领域，自主学习被视为一个课程目标；在教学论领域，自主学习被视为一种教学方法；在学习论领域，自主学习被视为一种学习方式。本文将自主学习作为一种有效的学习方式来论述。

自主学习一般是指个体自觉确定学习目标、制订学习计划、选择学习方法、监控学习过程、评价学习结果的过程或能力。自主学习能力主要包括自学能力、目标学习能力、问题学习能力、元认知能力。

自学能力是组成自主学习能力的基本成分。社会需要的是具有独立学习能力的创新型人才，所以，我们要重视培养学生的自学能力，充分调动学生的主观能动性，发展学生的个性，提高学生的创新精神和实践能力。

目标学习能力是组成自主学习能力的首要成分。学习目标是通过学习要达到的目的和要求，目标是学生学习的动力。在培养学习自主学习能力的过程中，首先要培养学生学会自己制定学习目标，学会把目标划分为不同层次，同时启发学生在学习过程中不断根据反馈结果，完成学习目标。

问题学习能力是组成自主学习能力的核心成分。创新人才的基本素质是发现问题、提出问题、分析问题和解决问题。所以，要培养学生敢问、好问、善问的好习惯，要善于创设问题情境，引导学生提出质疑、提出问题，并提供充分的教学资源让学生能自主去分析和解决问题。

元认知能力是组成自主学习能力必不可少的成分。元认知是指主体对自身认知活动的认知，由元认知的知识、体验、监控三个方面内容组成。"元认知知识"是关于认知主体、认知任务、认知策略等方面的知识；"元认知体验"是主体在从事认知活动中产生的认知和情感体验。"元认知监控"是指对自己的认知活动进行积极而自觉的监视、控制和调节的过程，包括制订计划、实际控制、检查结果、采取补救措施等。

目前，互联网、云计算、大数据等现代信息技术的快速发展，深刻地改变着人们的思维、生产、生活、学习方式，也带来了教育理念、教学方法、管理方式等方面的深刻变革。从2015年开始，我带领课题研究团队以国家大力推进教育信息化发展为契机，以信息技术教学管理平台为载体，在尊重学生学习方式的原有经验与认知规律的基础上，探索培养学生自主学习能力的有效策略，开发利于培养学生自主学习能力的网络教学特色课程，构建自主学习的教学指导模式，开展培养学生自主学习能力的特色教育，促进教与学方式的变革。

访谈者：《基础教育课程改革纲要（试行）》中的具体目标也指出："改变课程实施过于强调接受学习、死记硬背、机械的现状，倡导学生主动参与、乐于探究、勤于动手，培养学生收集和处理信息的能力、获取新知识的能力、分析和解决问题的能力以及交流与合作的能力。"请您结合课堂教学中谈谈学生在自主学习中主要存在哪些问题。

伍老师：在日常教学中，我们常常发现，热闹的课堂活动后面，学生仍停留在被动听课、被动观看视频、被动地完成任务等状态，并没有积极开动脑筋去思考；有时，我们对课堂教学结构进行优化，留出更多时间让学生自学，但学生却还是不知如何去自主学习，学生没有养成自定学习目标的习惯，没有养成发现问题、分析问题、解决问题的习惯；学习过程中，由于学习信息不能及时反馈，学生不能很好地判断及调整自己的学习策略和学习进度；部分学生没有自主学习的积极性；当学习遇到困难时，学生并不主动寻找帮助和思考解决方法；当进行小组协作时，他们不知如何主动参与……

分析学生在自主学习过程中存在的现象，我们会发现以下共性问题：一是学生的学习差异性相当大，这影响了自主学习的效果。二是学生的积极性不高，没有养成自主学习的习惯。三是学生的依赖性很强，不能摆脱对教师或他人的依赖。四是自主学习环境不理想，学生只能部分开展自主学习，另一部分交由教师控制或受环境影响。五是自主学习的资源不够丰富，不利于学生开展自主学习。六是自主学习的反馈不及时，学生无法及时了解自己的学习情况，也就无法及时调整学习策略。

访谈者：针对以上学生自主学习存在的问题，您在课堂教学中采用哪些信息化手段来培养学生的自主学习能力？

伍老师：我借助第三方网络教学辅助平台——信息技术教学辅助平台ITtools进行二次开发，构建学生自主学习平台。

信息技术教学辅助平台ITtools是由浙江省温岭市第二中学陈斌老师设计，温岭市教学共同体开发的教学辅助平台，支持多种类型文件在网页中直接展示，支持操作题的自主命题和自动阅卷，具有强大的内容呈现功能与数据分析功能等。

首先，我从培养学生自主学习的角度出发，在分析和研究ITtools平台的主要功能基础上，探索出其主要功能对培养学生自主学习能力的支持作用，如图4-9所示。

图4-9 ITtools平台主要功能对自主学习能力的支持作用

接着，我对ITtools平台进行二次开发，构建出与自主学习模式相配套的学生自主学习的平台，平台栏目有首页、自学知识、自我检测、自选任务、视频教程、作品提交、作品互评、拓展延伸、课后测评、学习论坛、学情监控。

访谈者：在自主学习中，形成了怎样的学习模式？

伍老师：早在十年前，我就对自主学习了产生了极大的兴趣。曾结合粤教版普通高中信息技术教材，应用Dreamweaver软件自主研发了两门高中信息技术网络课程并独力开展自主学习研究。2015年，正式成立自主学习课题研究团队。2017年开始，课题研究团队以珠海市前山中学、珠海市第八中学、珠海市第九中学、珠海市第十中学、珠海市第十一中学为实验学校，开展自主学习的实践研究，创建了以"意义建构"为取向的自主学习模式——自主学习六步法。

访谈者：您认为这种自主学习模式给您的教与学带来了哪些改变？

伍老师：2015年至今，我带领课题研究团队编著自主学习精品教材1本，全书130多页，共18节课；基于ITtools平台，开发与该教材配套的网络教学课程一套。目前处于应用自创的"自主学习六步法"进行现行教材和精品课程的课堂教学实践阶段。在实施自主学习六步法后，我们发现学与教两方面都发生了明显的变化。

一是学习的主动性更积极。在以往的学习中，学生的自觉性和主动性不能持久，离开教师的严格管理，他们就会经受不住学习外部因素的引诱和干扰。但是，在"自主学习"课堂里，他们的主动性、自觉性得到有效的推动，自我管理意识得到明显的增强。学生能根据"检测结果"更科学地制定学习目标，主动帮助和提醒同伴，出现学习困难时主动寻求帮助，主动查阅个人表现等现象明显增加。

二是学习的调控性更有效。在"自主学习"课堂中，根据"自主学习"平台提供的真实过程性数据记录，学生有意识地进行学习对比和调整学习策略的能力明显增强。学生更容易发现以往不易发现的学习不足，有意识地进行自我补救。如没有完成的作业可以补交，没有学懂的知识可以重新温习，课程中各个教学环节所花费的时间可以查询，学习的不足可以通过后继的努力来弥补。

三是学习的互动性更充分。在"自主学习"课堂中，小组合作是常见的学习方式，学生可以更充分地讨论与交流，可以多渠道地寻求帮助。教师可以精确掌握学生的学习进度，快速定位在学习上遇到困难的学生，采取有效方法发动周围优秀学生主动提供帮助。

四是教学的氛围更融洽。在以往的课堂教学中，学生经常处于对课堂活动不主动、不清楚、不在乎的状态。但是，在"自主学习"课堂中，学生变得乐学好学，教师变得乐教爱教，这种融洽和谐的课堂氛围促进了师生的共同发展，使学生更爱学，教师更爱教。

五是教学的评价更高效。在以往的教学评价环节中，学生完成评价的时间不容易控制，评价的结果不能得到快速的反馈。在"自主学习"课堂中，通过"自主学习"平台提供的控制功能，教师可以很便捷地设置评价内容和评价开展时间，快速了解评价的完成情况，从而更好地为学生提供学习指引。通过"自主学习"平台，学生可以准确了解自己每个知识点的完成情况，更好地反思自己的学习过程，并采取有效措施进行知识重温，渐渐形成自主学习意识，提高自主学习能力。

访谈者：针对这种教学模式，您构建了哪些自主学习激励策略？

伍老师：激励是指为了激发学习者的学习动机，使之向所期望的目标前进而给予其积极的行为刺激或心理暗示的过程。激励通常分为外部激励、自我激励、相互激励三类，见表4-5，每一类又可以分为两个维度，即实体激励和精神激励。

表4-5 自主学习激励策略分类

	实体激励	精神激励
外部激励	学校、教师、家长的奖励，如学校颁发的奖状、课堂表现奖励分、优秀作品展示、小奖品、小红旗、胜利标签、给学生的自由权利等	教师、家长的口头表扬，短信表扬，优秀作品校园网展示等
自我激励	积分累积到一定数目后，奖励自己休闲的时间、娱乐的机会、喜爱的物品，向父母、亲朋好友展示得意作品等	自我表扬、自我鼓励、自我暗示等
相互激励	互相给予帮助，互相赠送有象征意义的物品	用言语、掌声互相鼓励，祝贺为学校、班级争光的同学，祝贺明显进步的同学，祝贺有创意的同学等

在课堂教学中，采用激励策略对学生自主学习有一定的促进作用。但是也要注意以下几个方面：第一，激励要有理有据，指明得到表扬的具体内容。第二，激励要及时，使得学生能够及时体验被表扬的积极情绪，强化激励的作用。第三，激励要取决于学生自身因素，而不是取决于成绩本身。如有个别学生基础很差，经过自身努力取得一点进步，我们要给予其及时的激励，让学生明白得到激励是自身努力的结果。第四，不能太过分倚重外部激励，容易造成学生的学习动机来自外部激励而不是自身的学习能力。

访谈者：在您未来有关自主学习的研究中，您将侧重哪些方面？

伍老师：在未来的自主学习研究中，我会从以下两个方面进行研究：一是研究如何帮助学习一般或较弱的学生更好地提升他们的自主学习能力。此类学生存在着更大的自主学习提升空间和提升难度，需要我们提供更有力的"脚手架"来帮助他们去模仿、去发现、去体验、去领悟。二是研究如何应用更先进的信息技术手段开发"自主学习平台"。科技的进步日新月异，我们要紧跟时代发展的步伐，掌握并应用更先进的信息技术去开发新型自主学习平台，特别是在智能化、可视化、移动化等方面的新功能。

师风化雨润心田，师德优雅显魅力

——记广东省名教师伍文庄

刊登于《少年少女·教育管理》（CN44-1080/C）

编者按：二十四年来，伍文庄老师始终把"教书育人"贯穿于课堂教学中，注重培养学生的核心素养。在教学中，她注重因材施教、高效创新，形成了"自然、自动、自得"的教学风格；在科研上，她追求"百花齐放"，引领教师专业成长。她不忘初心、敬业奉献，用爱心演奏了一曲"为人师表"的动听歌谣。

在珠海市历史最为悠久的校园中，一位端庄文雅、笑容可掬的老师正款款地向我们走来。她就是广东省中小学信息技术学科带头人、广东省中小学新一轮"百千万人才培养工程"名教师培养对象、广东省中小学教师信息技术应用能力提升工程专家库成员、珠海市名教师、珠海市优秀班主任、珠海市教师工作室主持人、香洲区首届"名教师"、香洲区"科研之星"、香洲区连续七年学科带头人、香洲区中小学女教职工"十佳"风采人物、香洲区中小学信息技术工作室主持人、珠海市前山中学信息技术教师——伍文庄。

伍文庄老师已经在教学教研岗位上辛勤耕耘了24个春秋。在此期间，她先后荣获国家级、省级、市级教育教学比赛奖励70项，主编或参与编写由广东省教育厅组织的教育教学专著6本，主持或参与区级以上课题14项，发表论文15篇，获奖论文23篇。突出的教学教研成果，奠定了她在信息技术教学教研领域的突出地位。她先后担任中国教育技术协会信息技术教育专委会理事、珠海市教育学会中小学信息技术教学专委会副秘书长、珠海市教育学会学术委员等学术职位。

一、潜心育人，桃李芬芳

伍文庄老师毕业于华南师范大学计算机科学专业，1994年7月来到珠海市前山中学任教至今，曾担任学校信息技术备课组组长、信息技术科组组长，现任学校教研室主任。在众多身份中，她最喜爱"教师"这个身份。从1994年初为人师，站在三尺讲台上，向学生传授知识，与学生互动，发现学生的闪光点，是她最快乐的时刻。

在班主任工作上，伍老师善于通过班级网站建设、社会实践、义工活动、团队训练等形式培养学生的集体荣誉感、责任心、团队精神和合作意识。善于应用信息技术构建班级管理制度，及时获取学生的表现信息，灵活打造良好的学风与班风。1996年，教龄只有两年的她成功地把全年级有名的"后进班"培养成全年级最具朝气的班级。因管理班级出色，伍老师于1997年被评为"珠海市优秀班主任"，成为学校最年轻的市优秀班主任。

作为一名信息技术教师，伍老师坚持利用第二课堂开设计算机兴趣班和电脑制作竞赛班，辅导学生进行专题学习，如Scratch创客教育、电脑动画制作、网页制作技巧、电脑制作竞赛、科技在我们身边、电脑作品欣赏等，培养出一批学科知识扎实、操作技能娴熟、兴趣爱好广泛的学生。先后指导张璋、李姗桦、陈积翔等学生在"全国中小学电脑制作活动""珠海市多媒体制作竞赛"等活动中获得佳绩。2005年辅导学生张璋在"第六届全国中小学电脑制作活动"中荣获全国二等奖，同时荣获省一等奖，并在当年高考中被保送重点大学——华中师范大学。这在前山中学是史无前例的，为学校赢得了良好的社会声誉。2014年辅导学生在"第十五届广东省中小学电脑制作活动"中荣获省一等奖1项、省三等奖2项，《珠海特区报》隆重报道了此事。由于辅导学生出色，伍文庄老师多次荣获"广东省中小学电脑制作活动优秀个人奖""珠海市优秀辅导教师奖"。

二、因材施教，高效创新

在信息技术教学上，伍文庄老师有自己独特的经验。她善于创设教学情境，激发学生的学习兴趣；擅长开发教学资源，搭建学生自主、合作、探究的学习平台；巧设教学环节，构建培养学生能力与品质的智慧课堂；热衷应用信息技术手段管理课堂，提升教学效率。通过长期的教学实践，她形成了"自然、自动、自得"的教学风格，其出色的教学效果也得到了学生和同行的赞赏与认可。

从教以来，伍老师在教育教学方面收获了70项成果，其中国家级奖11项、省级奖40项、市级奖19项。如2013年在第五届"全国中小学公开课电视展示活动"中荣获课堂实录一等奖，在第十七届全国教育教学信息化大奖赛基础教育组信息技术与学科教学整合课例中荣获全国三等奖；2007年在粤教版高中信息技术全国优质课评比中荣获一等奖，在珠海市中小学信息技术教师课堂教育教学能力大赛中荣获个人全能奖。

伍老师深谙教学之道，因材施教，善于搭建自主学习平台，让课堂焕发生命的活力；构建激励机制，激发学生的学习动力；渗透德育教育，促进学生全面发展。从2005年起，她自主研发了两门粤教版普通高中信息技术网络课程和三门校本学习网络课程，创建了与网络课程相匹配的"网络教学六步法"。她发挥网络优势，丰富了学习资源，增加了学习容量，提高了教学效率，得到了学生与同行的肯定。2009年，她创建了"激励教学法"并实践至今。该教学法已从高中推广到初中，从校内推广到校外，取得了良好的教学效果。她通过师生共建激励制度，在教学内容和教学环节中设置激励内容，应用网络平台动态反馈激励数据，很好地发挥了约束与激励作用，实现了全体学生由"要我学"到"我要学"的转变，营造了"互帮互助、共同进步"的愉快氛围，把信息技术课堂变成培养学生形成良好学习与行为习惯的理想场所。2015年，她创建了"自主学习六步法"，创设"导、读、测、练、评、思"教学环节，培养学生的自学能力、目标学习能力、问题学习能力、元认知能力，引导学生认识和发现自我价值，发掘自身潜力，学会应对复杂多变的环境，逐渐成为有明确人生方向、注重生活品质的人。

在伍文庄老师的课堂上，学生兴趣盎然、积极思考、勇于回答、乐于实践。学生对她的喜爱溢于言表。在学校每年的学生评教评学活动中，伍老师均获得"教学调查学生满意奖"。

三、科研引领，百花争艳

"一枝独放不是春，百花齐放春满园。"伍文庄老师并不满足个人所取得的成绩，在担任学校信息技术科组组长期间，她带领全科组的教师潜心教研、锐意进取，使得前山中学信息技术科组这个仅有三位教师的小科组成为全校教研成果最多、级别最高的科组。2012年，伍老师所带的科组被评为珠海市"中小学信息技术示范教研组"。

伍老师通过教学研讨、学术交流、课题研究、专题讲座等形式，积极开展教育教学改革研究。先后主持或参与研究项目14项。如2012年至2016年间，主持广东省教育科学"十二五"规划2012年度教育信息技术专项研究课题"'教育云'服务下中小学教师教育技术能力可持续发展的研究——以'珠海市中小学教师专业发展平台'为例"，该课题成功开发了四门网络课程，这些课程入选珠海市香洲区中小学教师教育技术能力校本培训课程，有效地提升了教师的教育能力。

作为广东省教育厅粤教版教材专家组成员，伍老师积极参与省、市教研室的教材建设工作，编写的6本教育教学教材已由广东教育出版社、南方出版传媒出版，在全国各地使用，好评如潮。同时，她也积极去各地开展专题培训。如2006年8月到辽宁省鞍山市主持"多媒体技术应用"专题培训，2007年2—3月到安徽省阜阳市主持"粤教版信息技术选修教材"专题培训，2007年7月到辽宁省三个城市主持"高中信息技术教学"专题培训，为推广粤教版教材使用范围和提升使用效果付出了辛勤的劳动。

从教以来，伍老师以名家教育教学理论为指引，不断提升自身的教育教学水平，勇于开展教学改革，及时总结并积极撰写教育教学论文。近年来，在《中小学信息技术教育》《现代中小学教育》等国内核心刊物上发表论文15篇。如2005年，论文《对高中信息技术必修模块新教材的分析》发表于国家级刊物《中小学信息技术教育》；2012年，论文《给信息技术课程来场"网络秀"》发表于国家级刊物《现代中小学教育》；2018年，论文《基于"成人教育理论"的教师教育技术能力校本网络课程设计》发表于省级刊物《教育信息技术》。获奖论文23篇，其中获国家级奖的有5篇、获省级奖的有10篇、获市级奖的有5篇、获区级奖的有3篇。如2010年撰写的论文《高中信息技术课程网络教学资源系统的设计与开发》在全国中小学教师信息技术与教育创新论文大赛中荣获一等奖，2012年撰写的论文《给信息技术课程来场"网络秀"》在第三届全国中小学教师论文大赛中荣获二等奖。

四、不忘初心，敬业奉献

在行政管理岗位上，伍文庄老师用细心、耐心和责任心认真做好学校教研室工作。周六、周日经常回校加班，平时加班到半夜也是常有的事。她深知学校教研工作关系教师的专业发展，关系学校教育教学质量的提高，再苦再累也是值得的。她非常重视对青年教师的培养。通过师徒结对、青年成长营、青年教师"比武"、校际教学研讨活动等形式，不辞劳苦、尽心尽力地指导和帮助年轻教师快速成长。经过几年的努力，她已为学校培养出一支优质、高效、充满活力的师资队伍。如在2017年第二十一届全国教育教学信息化大奖赛中，她指导学校物理科组区有好老师制作的微课作为珠海市唯一微课入围全国决赛，最终荣获全国一等奖，刷新了学校微课奖项的最高纪录；在2015年第十九届全国教育教学信息化交流展示活动中，她指导学校英语科组周万乐老师设计的参赛课例喜获全国一等奖，刷新了学校英语科组参赛成绩的最高纪录；在2017年广东省计算机教育软件评审活动中，她组织和指导学校教师积极参赛，共有25项作品获省级奖项，其中获省一等奖的有5项、获省二等奖的有9项、获省三等奖的有11项，使学校成为珠海市获奖最多的学校，把教师开展教育教学信息化创新的热潮推向更高峰。

　　此外，伍文庄老师还积极参与珠海市教师培养工程。她连续三年被聘为珠海市乡镇教师互动课堂信息技术全员培训指导教师，负责珠海市中小学乡镇教师教育技术能力师资培训工作，定期送教下乡，开展教育信息化专题培训。三年来，已开展几百节教学课，培养珠海市斗门区、西区等乡镇教师多达200人，提高了乡镇教师的信息技术应用能力，培养了一批信息技术应用能手，打造了一批学科融合精品课。她为珠海市信息技术教育教学发展做出了贡献。

　　作为工作室主持人，伍文庄老师始终以先进的教育理念为指导，以课堂教学为主阵地，以课题研究为抓手，通过公开课、研讨课、专题讲座、校际交流、观摩学习、教学研讨等形式，扎实开展课题研究和课堂教学指导工作。在她的亲自示范、细心指导、反复磨炼下，工作室学员们快速成长起来。工作室成立以来的短短两年多时间里，已取得丰硕的成果：主持或参与课题达27项、区级以上优课16节，发表论文15篇，获奖论文33篇；获教育教学奖92项，其中国家级奖8项、省级奖53项；获辅导学生竞赛奖136项，其中国家级奖20项、省级奖85项。最让人激动的是，2016年，在第二十届全国教育教学信息化交流活动中，她指导工作室学员黄妍芳老师设计的课例在经过技术测试、专家评审后，最终在4589件参赛作品中脱颖而出，荣获全国一等奖。这个成绩对于教龄只有三年的青年教师来说，是一次质的飞跃。2017年，在广东省青年教师技能大赛中，辅导教龄只有四年的工作室青年教师宋深美老师精心设计参赛课例，在经过市级比赛两个环节——说课比赛和基本功测试后，宋深美老师以总分第一的成绩作为珠海市唯一代表参加省赛，最后荣获省二等奖的好成绩。

　　伍文庄老师还有一个特殊的身份——珠海市香洲区第八届人民代表大会代表。从2011年开始，伍文庄老师经常深入群众，调查研究，掌握一手资料。在出席人民代表大会审议大会时，及时地把自己深入了解的、人民群众急需解决的问题在审议发言中如实地反映，积极反映人民群众的呼声，协助香洲区人民政府推行工作。担任区人大代表以来，她在香洲区人民代表大会会议上提交了《关于提高班主任岗位津贴的建议》等15个建议或议案。她始终认为，在人民代表大会上如实地反映人民群众的愿望，为人民群众代言，是体现自我人生价值的一个难得的机会。

人格魅力源于渊博的知识，源于高超的业务水平，源于健全的人格素养。伍文庄老师一直要求自己做到"勤于思考，乐于研究""用心关爱每一位学生"。她二十五年如一日，用热情去灌溉，用辛勤去耕耘，用爱心去演奏"为人师表"的动听歌谣。

参 考 文 献

［1］王大庆.35岁以前成功的12条黄金法则［M］.北京：新华出版社，2004.

［2］谭振宪.在课堂教学中探求激励机制［J］.语文教学通讯，2005（4）.

［3］王金娣.激励理论在高中课堂教学中的应用研究［D］.苏州大学，2008.

［4］庞维国.自主学习——学与教的原理和策略［M］.上海：华东师范大学出
版社，2003.

［5］何薇.培养高职生自主学习能力的教学模式研究［D］.南昌大学，2007.

［6］方双虎.威廉·詹姆斯与人本主义心理学［J］.安徽师范大学学报（人文社
会科学版），2010（5）：585-590.

［7］（美）班杜拉.思想和行为的社会基础［M］.林颖，等，译.上海：华东师
范大学出版社，2001.

［8］陈红兵.中学生安排学习时间策略的调查研究［J］.心理发展与教育，1991
（2）.

［9］庞维国.从自主学习的心理机制看自主学习能力培养的着力点［J］.全球教
育展望，2002（5）：26-31.

［10］庞维国.论学生的自主学习［J］.华东师范大学学报，2001（6）：78-83.

［11］廖哲勋.关于校本课程开发的理论思考［J］.课程教材教法，2004（8）：
11-18.

［12］宋永刚.加强中小学教师远程扎实推进教师教育技术能力建设计划——在
全国中小学教师远程培训暨教育技术能力建设计划实施工作经验交流会
议上的讲话［J］.中小学教师培训，2008（1）：6.

［13］吴涛，金义富，张子石.云计算时代虚拟学习社区的特征分析［J］.电化
教育研究，2013（1）：57-61.

［14］李铧.基于云计算理念打造教育云的探讨［J］.天津电大学报，2011，15
（3）：47-50.

[15] 吴泽强.诺尔斯成人教育学理论述评 [J].科教文汇, 2011 (1): 34-35.

[16] 林君芬, 余胜泉. 关于我国网络课程现状与问题的思考 [J].现代教育技术, 2001 (1): 51-55.

[17] 刘孝华. 引发认知冲突, 促进学生的知识建构 [J].天津教育, 2004 (21): 40-42.

[18] 胡若予. 基于教学平等的网络课程设计要素与原则 [J].现代远程教育研究, 2006 (2): 54-57.

[19] 徐琤, 陈庚, 袁希岚.网络课程开发现状和发展趋势 [J].中国远程教育, 2003 (15): 40-43.

[20] 黄虹娟.利用课堂博客 实施学习评价 [J].现代中小学教育, 2011 (12): 48-50.

[21] 张丽平.谈人格教育 [J].才智, 2012 (5): 253.

[22] 方正泉.论大学生团队精神的培养 [J].江苏高教, 2006 (5).

[23] 辛涛.论学生发展核心素养的内涵特征及框架定位 [J].中国教育学刊, 2016 (6): 4-5.

[24] 林崇德.中国学生发展核心素养：深入回答"立什么德、树什么人" [J].人民教育, 2016 (19): 15.

[25] 蒋广学.学校党建与思想教育 [J].学校党建与思想教育, 2015 (4): 30.

[26] 陈兵.在全面深化课程改革中把党的教育方针落实、落细、落小：访教育部基础教育二司副司长申继亮 [J].中小学教材教学, 2015 (1): 23-26.

[27] （美）班杜拉, 蒋晓. 交互决定论——关于个人行为和环境之间关系的社会学习说 [J].现代外国哲学社会科学文摘, 1986 (2): 20-22.

[28] 孙名符, 王兴福, 郑庆全.论自主学习的时代价值和教育价值 [J].教学研究, 2003 (12): 287.

[29] 钟启泉.基础教育课程改纲要试行解读 [M].上海：华东师范大学出版社, 2001.

[30] 王言根. 学会学习 [M].北京：教育科学出版社, 2003.

后　记

传道者必须闻道在先；塑造他人灵魂的人，自身必须有高尚的灵魂。教师的一言一行，对学生有着潜移默化的影响。

1994年7月毕业于华南师范大学计算机科学系后，我于珠海市前山中学任教至今。从一名普通教师成长为学科带头人、珠海市名师、市区名师工作室主持人、省专家库成员、省百千万人才培养对象。曾有人问我："伍老师，你工作这么辛苦，既是学校教研室主任要负责全校130多位教师的所有教研工作，又是市名师要承担市、区学科教研的部分任务，还是省'百千万人才培养对象'要承担艰巨的学习任务，更是省、市、区三个工作室主持人，你不觉得累吗？"我笑了笑，说："累并快乐着！支撑我的是我内心深处深厚的教育情怀！因为，身处于一个飞速发展的信息化时代，我要与时俱进，不断成长。作为师傅，我心怀一颗感恩的心，要把国家对我的栽培，传承到我的徒弟当中；作为教师，我要通过个人影响一批教师，通过教师栽培无数学生，为祖国培育有用的人才。"

我的个人发展目标是：努力把自己打造成为师德高尚、理念先进、视野广阔、学识渊博、业务精湛、能力卓越的优秀教师，并以此鞭策自己成长。在二十多年的教育生涯中，我始终坚持"以人为本"的教育理念，致力于创建激励制度，开发育人平台，培育青年教师与学生；致力于通过跟岗学习、研修学习、示范带学提升自身的知识素养；致力于通过教学创新、课题研究、撰写论文、编写论著提升自身的专业素养。

此书的出版实现了我的教育愿望：与读者分享自己二十多年的教育教学经验和在信息技术教育中进行的前瞻性探索与实践，以期对读者有一定的借鉴作用，希望能激励更多的读者及教师成为新时代发展所需的高素质人才！

撰写此书的过程是回顾教育生涯的过程，是重新认识自我的过程，也是追寻未来发展方向的过程！此书的出版得到了专家、领导、同行的大力支持和无私指导，在此，一并表示衷心的感谢！

感谢我的理论导师与实践导师林君芬老师！

感谢广东第二师范学院的熊焰教授！

感谢广东省中小学新一轮"百千万人才培养工程"项目组！

感谢我的启蒙导师张伟铭校长！

感谢支持与帮助我成长的学校领导：刘忠校长、陈远亮校长、梁允胜校长、朱国旺校长、莫木荣副校长和梁玉葵副校长！

感谢所有与我互敬互爱、互勉互励、互帮互助的同行与同事！

感谢给予我支持与鼓励的家人！

由于水平有限，书中难免有不当之处，敬请读者不吝赐教。

伍文庄

2019年秋